吉林财经大学资助出版图书

Research on Role Conflict

OF SECURITIES MARKET
INTERMEDIARY

吕楠楠 著

证券市场中介机构角色冲突论

社会科学文献出版社
SOCIAL SCIENCES ACADEMIC PRESS (CHINA)

前　言

证券市场作为一个高度专业化的资本筹集和交易的场域，对市场中的信息真实性有严格的要求，信息披露真实性一直是其存在和发展的基础。但是对证券市场广大投资者而言，甄别证券市场交易主体发布的专业信息的真实性是异常困难的事情，这就需要证券市场中介机构——证券律师和证券会计师①对证券市场交易主体发布的专业信息进行识别，之后再以其自身的声誉对识别后的信息真实性做担保，进而确保广大投资者获取到的信息是真实的。在这一方面，证券市场中介机构对于纯化市场信息，推动资本市场发展起到了重要作用。

然而，值得引起注意的问题是，证券市场中介机构在资本市场活动中存在严重角色冲突：一方面，证券市场中介机构组织的资本市场业务的雇佣方是作为其监督对象的上市公司；另一方面，中介机构组织主要为广大投资者的利益而非其雇佣方的利益服务，即其角色职能是接受上

---

① 证券市场在信息真实性保障方面，通常是上市公司与律师事务所和会计师事务所签订委托合同，双方形成契约关系，但究其实质则是依赖法律赋予证券律师和证券会计师个体对法律意见书与审计报告的签字权。在此意义上，上市公司与律师事务所和会计师事务所的交易本质上是与作为个体的证券律师和证券会计师的委托关系。因此，如无特殊说明，本书在术语使用上采用"证券市场中介机构"指代证券律师和证券会计师，而采用"证券市场中介机构组织"指代律师事务所和会计师事务所。

市公司的酬劳，为广大投资者监督其雇佣方信息披露的真实性。这种角色上的冲突使得证券市场中介机构很难站在客观立场上，秉持公允的态度尽职尽责地工作，并且存在与上市公司合谋的可能性。证券市场中介机构角色冲突问题由来已久，一直是阻碍资本市场发展的一大顽疾。证券市场中介机构作为资本市场这样一个专业化高度集中场域的"看门人"，其职责是利用自身强大的专业知识和技能以及长期以来形成的"声誉资本"，纯化市场交易主体披露的相关信息，在最大限度内保证资本市场信息的真实性。但是由于理性经济人的行为本性和代理成本问题的存在，证券市场中介机构在承担守住资本市场信息披露大门任务的同时，不可避免地存在角色冲突。资本市场出现的信息欺诈行为中或多或少都会有中介机构推波助澜的身影。

证券市场中介机构的角色冲突，究其实质而言，无外乎职业伦理冲突与行为利益冲突两类。职业伦理冲突是中介机构基于委托合同的法理，在委托关系异化的背景下出现的冲突；而行为利益冲突则是中介机构作为理性经济人，在自我利益最大化的行动逻辑下出现的实然行为选择与应然行为选择之间的背离。这种角色冲突不是我国资本市场所特有的，而是西方发达国家资本市场发展进程中业已存在的问题。无论是证券会计师还是证券律师，二者作为证券市场中介机构，存在共通性的角色冲突问题。对照我国中介机构在发展中出现的情形能够发现可资借鉴的问题解决方案。检视中介机构角色冲突中的三方主体关系，不难发现，中介机构作为证券市场良性运作的桥梁与纽带，其与上市公司之间是基于被选任所形成的合同法上的委托关系；中介机构与广大投资者之间的关系在于，当中介机构的行为给广大投资者带来负面效应时，二者之间所形成的是侵权关系；当然，中介机构之间基于理性经济人自我利益最大化的行动逻辑，会自觉地形成协同共谋关系。在准确界定中介机构、上市公司和投资者之间法律关系的基础上，可以对证券市场中介机构角色冲突问题进行类型化，即基于委托合同法理的角色冲突与基于二重业务交错的角色冲突。基于委托合同法理的角色冲突，表现为会计争议与法律规定模糊地带下的中介机构角色冲突；而基于二重业务交错的角色冲突，表现为审核类业务与咨询类业务在同一中介机构组织同时进行所衍生的角色冲突。

对于证券市场中介机构角色冲突的解决，可以从行政监管、司法诉讼与行业自治等层面进行对策设计。行政监管层面，通过重构委托—代理关系，从源头上改变角色冲突的基础，并且加大对中介机构不定期检查力度及构建同业举报制度；同时，设置与违法中介机构融资比例挂钩的处罚机制以及"声誉资本"负面评价机制。司法诉讼层面，按照侵权行为诉讼的进路，从原告资格、侵权责任归责原则、损害赔偿范围以及证券侵权责任集团诉讼机制等方面完善我国证券侵权诉讼的既有制度，通过私人诉讼的力量解决中介机构角色冲突问题。尤其是在损害赔偿范围方面，在现有成文法难以提供具体标准和缺乏可操作性的情况下，借鉴英美法系的大量真实判例，对损害赔偿范围这一在大陆法系看来棘手的问题给予很好的回应，使这种基于私人理性的司法诉讼解决问题方式在操作层面清晰化和明朗化。行业自治层面，在对中介机构行业自治主体和自治权来源、性质进行探讨的基础上，赋予行业自治协会一定限度的惩罚权和处置权，将中介机构角色冲突问题在中介机构行业内部进行一定程度的消解。这种行业自治通过行业协会的组织规则去约束组织体内部成员的行为，具有天然的优势，并且是在"理性经济人"自我利益最大化的私人博弈基础上自发生成的进化论理性主义的规制进路，对于证券市场中介机构角色冲突问题的解决有不可替代的作用。

与此同时，还需要对证券市场中介机构组织的先行补偿机制进行一定探讨，对此种侵权行为主体对侵权责任的主动承担式责任模式进行分析与回应。除此之外，构建证券市场中介机构角色冲突的预防机制至关重要，将中介机构的审核类业务与咨询类业务严格分离，能够有效地阻却角色冲突问题的发生，在一定程度上能够对证券市场中介机构角色冲突问题的解决起到推动作用。

目　录

绪　论 / 1

第一章　证券市场中介机构角色冲突的本质与成因 / 18
　第一节　证券市场中介机构角色冲突的本质 / 18
　第二节　证券市场中介机构角色冲突的成因 / 29

第二章　证券市场中介机构角色冲突的历史考察 / 45
　第一节　证券律师角色冲突的历史考察 / 45
　第二节　证券会计师角色冲突的历史考察 / 58
　第三节　共性问题的梳理 / 70

第三章　证券市场中介机构角色冲突的法律关系基础 / 76
　第一节　证券市场中介机构与上市公司之间的法律关系：
　　　　　合同关系视角 / 77

第二节 证券市场中介机构与投资者之间的法律关系：
侵权关系视角 / 91

第三节 证券市场中介机构之间的法律关系：
协同共谋视角 / 106

第四章 证券市场中介机构角色冲突的类型化阐释 / 113

第一节 证券市场中介机构基于委托合同法理的角色冲突 / 114

第二节 证券市场中介机构基于二重业务交错的角色冲突 / 124

第五章 证券市场中介机构角色冲突的抗制路径 / 136

第一节 证券市场中介机构角色冲突抗制的行政监管路径 / 137

第二节 证券市场中介机构角色冲突抗制的司法诉讼路径 / 149

第三节 证券市场中介机构角色冲突抗制的行业自治路径 / 176

第四节 关于中介机构组织对投资者侵权责任先行补偿
机制的探讨 / 184

第五节 证券市场中介机构角色冲突预防机制的构建 / 195

结 论 / 198

参考文献 / 201

后 记 / 217

绪　论

一　现实与动因：中介机构的"普罗透斯①之面"

近年来，世界范围内上市公司财务舞弊行为凸显，成为全球资本市场监管所面临的一个无法绕开的难题。即便在美国这样一个资本市场高度发达、监管机构经验丰富的国家，上市公司财务舞弊的情况也依然时有发生。美国证券交易委员会（Securities and Exchange Commission，以下简称"SEC"）强大的监管力量和完善的监管手段并没有使美国资本市场的财务造假现象减轻。安然公司（Enron Corporation）的财务报表重述（financial report restatement）事件、世通公司（WorldCom）的线路成本资本化（line cost capitalization）事件直接导致了这两大巨头的破产。在这两大公司破产的问题上，作为资本市场"看门人"的安达信会计师事务所（Arthur Andersen）负有不可推卸的责任。安达信会计师事务所作为专业性会计机构，负责上述两大公司的审计业务，为何没有发挥"看门人"的作用，指出其中的问题，而是选择与二者共谋，蜕变为资本市场虚假信息披露的"推手"？证券市场中介机构的角色之所以呈现出"普罗透斯之面"的二元镜像，"看门人"机制运行失灵是原

---

① 普罗透斯（Proteus）是希腊神话中早期海神，拥有随心改变自己样貌的能力。

因所在，该问题在后文会继续探讨。

同样的问题也发生在我国资本市场的上市公司中。从创业板万福生科财务舞弊到中小板绿大地财务造假，近年来，A股市场风波不断，经受着巨大的诚信考验。万福生科2011年9月登录深圳证券交易所创业板上市交易，2012年9月停牌，接受中国证券监督管理委员会（以下视情简称"中国证监会"或"证监会"）立案调查。经查发现，该公司2008～2011年累计虚增收入7.4亿元，虚增营业利润1.8亿元左右，虚增净利润1.6亿元左右，此案成为中国创业板财务造假第一案。作为为其服务的中介机构组织，平安证券、中磊会计师事务所及湖南博鳌律师事务所均受到中国证监会行政处罚。绿大地公司于2007年12月21日在深圳证券交易所中小板首次公开发行股票并上市，募集资金达3.46亿元。上市前后，绿大地虚增资产3.37亿元，虚增收入5.47亿元。为其服务的中介机构组织华泰联合证券、鹏城会计师事务所及四川天澄门律师事务所都在财务造假中起到了推波助澜的作用。① 万福生科和绿大地财务问题仅仅是资本市场中上市公司行为异化的缩影，两起案件只是众多同类案件的冰山一角。针对这些财务造假事件，中国证监会发布了《关于做好首次公开发行股票公司2012年度财务报告专项检查工作的通知》（发行监管函〔2012〕551号）以及《关于首次公开发行股票公司2012年度财务报告专项检查工作相关问题的答复》（发行监管函〔2013〕17号），开启了IPO排队自查先例，使中国资本市场IPO暂停半年之久。这一举措说明监管机构意识到了我国上市公司财务舞弊问题

---

① 《万福生科欺诈上市遭质疑 财务造假何以瞒天过海》，中国新闻网，https：//www.chinanews.com.cn/stock/2013/03-08/4627198.shtml，最后访问日期：2015年12月22日；《绿大地财务造假上市 原管理层互相推诿责任》，第一财经，https：//www.yicai.com/news/1774584.html，最后访问日期：2015年12月22日。

的严重性。表0-1反映了中国证监会开启IPO自查后，截至自查最后期限2013年3月31日，未能正常提交自查报告进入IPO审核程序的公司数量情况。通过该组数据可以发现，在自查结束之后，近三成原本拟进行IPO的公司未能正常提交自查报告，按下IPO审核"暂停键"或"终止键"。其中直接提交终止审查报告，撤回IPO审查申请的公司数量占比近两成。这从一个侧面显示了我国资本市场财务数据失真的严重程度。

表0-1 IPO自查报告提交情况统计

单位：家

报告类型	主板	中小板	创业板	合计	正常/异常情况
正常收到自查报告	138	265	207	610	610
提交中止审查报告	28	49	30	107	269
提交终止审查报告	9	47	106	162	

资料来源：《首次公开发行（IPO）在审企业自查阶段基本结束并完成第一批抽查企业的选取工作》，中国证券监督管理委员会，http://www.csrc.gov.cn/csrc/c100028/c1002312/content.shtml，最后访问日期：2016年2月10日。

在上市公司财务舞弊问题上，会计师、律师和证券保荐人作为专业的证券市场中介机构，具有完备的财务和法律相关知识，理应成为资本市场"看门人"，对上市公司的财务风险和信息披露风险有所把握和控制。缘何理论上有这样功能的"看门人"，在现实的资本市场交易中没有发挥应有的作用，反而选择与其客户公司共谋，成为财务造假和信息虚假披露事件的"推手"呢？本书拟通过对证券市场中介机构存在的角色冲突进行研究，借鉴西方国家在解决这一问题方面的成熟经验来解决我国资本市场发展过程中不可避免地出现的此类问题，对这一问题的本质、成因及抗制路径的思索便成为本书写作的缘起。

本书选取证券市场中介机构角色冲突为研究对象乃是基于下述研究

动因,并期待能够在这些方面取得相应研究成果。

(一) 为上市公司监督机制研究提供新的视角与课题

本书以证券市场中介机构角色冲突为对象进行研究,目的在于通过对该问题的分析与阐述,使我们在公司监督机制问题上将关注的焦点从过去单纯的公司内部监督适当地转向外部监督。我国在上市公司监督机制问题上力求吸收两大法系之精髓,既有监事会监督机制,又存在独立董事的监督,但是这种大而全的双头监督机制并没有发挥制度设计之初立法者对其期许的功能,我国对上市公司的监督在效果上还是不尽如人意。这就引发我们进行思考:是否应该把更多的目光投向公司外部监督?众所周知,资本市场中上市公司所披露信息的真实性对于广大投资者而言意义重大,而负责纯化资本市场信息披露并保障其真实性的是证券市场中介机构。由于自身存在角色冲突,这些中介机构与上市公司合谋造假事件频发,这就凸显了对证券市场中介机构角色冲突这一问题进行研究的重要性,同时这种研究也为公司监督机制及证券法的研究提供了新的视角与课题。

(二) 为证券法的修改提供一定的立法建言与智力支持

社会变化与法律变化相互影响,但社会变化对法律变化的影响更大,通常是社会变化引起法律变化。[①]《中华人民共和国证券法》(以下简称《证券法》)生效于1999年,至今已经过23年的时间,在这23年间,我国经济活动领域发生了巨大变化,资本市场变化尤为显著。在这

---

① 〔美〕J. H. 梅里曼、D. S. 克拉克、L. M. 弗里德曼:《"法律与发展研究"的特性》,俗僧译,《比较法研究》1990年第2期。

样一个经济迅速发展的时代，证券法修改成为一个常论常新的话题。我国《证券法》虽然经过了2005年和2019年两次修订，但综观整部《证券法》226条具体规则，不难发现，现行《证券法》更多地将目光投向了监管上市公司本身而并没有过多关注证券市场中介机构存在的问题。美国在资本市场监管问题上最新通过的《2002年公众公司会计改革和投资者保护法案》（也称《萨班斯－奥克斯利法案》，以下简称《萨班斯法案》）则明确了对证券市场中介机构的监管，这表明证券法中增加对中介机构的关注是适应经济发展的方向的。我国作为资本市场尚未完全成熟的国家，在证券法中更应该关注这些作为资本市场"看门人"的中介机构。本书选取这样的研究对象并对其本质和角色冲突抗制路径进行深入研究，以期能够为我国证券法的后续修订提供一定的立法建言与智力支持。

（三）为证券市场投资者保护提供新的思路与方法

证券法最根本的立法目的在于保护资本市场广大投资者的利益。对广大投资者（股东）的保护是公司法和证券法共同面临的重要问题。公司法侧重从公司这一组织体内部规则运行方面去寻求对中小股东的保护路径，证券法则更多地从组织体外部检视投资者与上市公司之间的关系。以往证券法在保护广大投资者这个面向上，多设计规制上市公司自身行为的相关条款，认为只要规制了证券市场虚假信息发布主体——上市公司，就能够解决好保护广大投资者的问题。但是在证券法运行的实践层面探讨，证券侵权行为发生后，鉴于我国证券法和民事诉讼法关于证券民事诉讼的复杂规则，投资者普遍会面临证据难以取得、与上市公司相比处于弱势地位，以及立案难、整个案件诉讼进程耗时长等问题。本书尝试提出在上市公司虚假信息披露导致的侵权问题规制方面，证券市场中介机构组织建立投资者补偿基金，用以先行赔付投资者的做法，这一做法能够在一定程度上解决证券民事诉讼中存在的问题。同时，在证券民事诉讼问题上，本书建议我国制定证券市场中介机构侵权责任集团诉讼和惩罚性赔偿的相关条款来解决证券私人诉讼问题，这种将研究关注的重点从以往规制上市公司自身转移到规制证券市场中介机构的做法，能够为保护证券市场广大投资者提供新的思路与方法。

二 思想与方法：投资者保护的"个体主义"方法论

（一）研究的主导思想

本书在研究过程中自觉地秉持以下主导思想。

第一，本书的研究以资本市场投资者保护为基本价值目标。本书研究对象为证券市场中介机构的角色冲突问题，也就是说，更多关注的是对在证券市场中旨在纯化市场交易信息确保其真实性的"看门人"群体与上市公司合谋造假，对证券市场广大投资者造成侵权损害这一问题的规制。本书提出的建立证券市场中介机构侵权责任集团诉讼以及建立中介机构组织对投资者先行补偿机制等对策，都是以保护资本市场广大投资者为价值目标的。

第二，本书以"个体主义"方法论为研究的方法论进路。个人是社会科学中分析问题的终极单位，也是各种价值的最终归宿，只有考虑有目的的行动者个人的计划和决策，才能理解各种社会现象。社会中的超个体规则和结构的存在都是个人协商和选择的结果。个人的利己本性是一切社会关系形成和展开的人性基础，因此应当注重从个人追求自我利益最大化的自发互动和路径依赖这一独特视角，理解规则、结构和可理解的模型等的生成和变迁。① 社会制度亦是通过不同个体的私人理性与集体理性冲突博弈，在行为主体自身利益最大化及博弈合作能够带来更大效益的基础上形成的。本书在分析证券市场中介机构与上市公司合谋造假情况时，在提出的对策中谈及司法诉讼方式和行业自治方式，这都体现了"个体主义"方法论的研究进路。

第三，本书倡导在制度设计上将《证券法》设计为资本市场运行法而非管制法。制度设计应该更多地注重证券市场交易参与者自在自为，即按照自身的想法从事证券市场交易活动。增加违法主体责任承担的条款，减少证券市场交易行为指引类条款，即在市场参与主体行为模式问题上减少不必要的监管，更多地加强对违法主体责任追究条款的设计，使《证券法》由"管制法"向"运行法"方向转型。

（二）本书的研究思路

本书选取证券市场中介机构角色冲突问题为研究对象，对这一问题的本质、成因、溯源及对策进行系统性研究，具体思路如下。

第一章论述的是证券市场中介机构角色冲突的本质和产生原因。该部分是对证券市场中介机构角色冲突问题进行的本体论研究，开篇阐述证券市场中介机构角色冲突这一问题的核心概念"角色冲突"是什么，这是本书通篇论述的逻辑起点。接下来分析此种角色冲突的本质及产生原因，为整本书的论证奠定逻辑基础。

第二章从历史梳理的角度对证券市场中介机构角色冲突问题做溯源考察。历史溯源考察能够让我们清楚地认识到角色冲突这一问题最初的成因及历史流变，进而更好地理解该问题现今所处的态势。该部

---

① 蔡立东：《公司自治论》，北京大学出版社，2006，第7页。

分分别对证券律师、证券会计师的角色冲突的历史成因进行梳理和总结，以历史的视角分析每类中介机构存在的角色冲突，最后对两类中介机构角色冲突的共性问题进行总结，为后文的论证提供历史流变的基础。

第三章从证券市场中介机构与上市公司、投资者之间法律关系以及中介机构之间法律关系的角度探讨证券市场中介机构角色冲突的法律关系基础。主要讨论作为资本市场信息披露主体的上市公司与纯化资本市场交易信息确保其真实性的"看门人"——中介机构之间的关系，因为上市公司是中介机构组织的雇佣方，双方的雇佣关系是本书研究论题——证券市场中介机构角色冲突的一个方面，所以梳理二者之间关系对本书的论证意义重大；接下来探讨证券市场中介机构和其服务对象——资本市场广大投资者之间的关系，说到底，作为资本市场"看门人"的中介机构是以为广大投资者的利益服务为最终价值导向的，这是本书研究之核心问题——证券市场中介机构角色冲突的另外一个方面；最后基于中介机构作为理性经济人的行为选择的思维路径和证券市场作为中介机构执业行为的外部场域对其造成的影响这两个层面探讨中介机构之间的关系。

第四章采用类型化的方式对证券市场中介机构角色冲突做二元阐释，即基于委托合同法理的角色冲突与基于二重业务交错的角色冲突。委托合同法理要求中介机构为上市公司服务，但是证券市场中的委托关系发生了异化，要求中介机构为投资者利益服务，同时还要受上市公司雇佣。基于二重业务交错的角色冲突是指中介机构同时从事相互冲突的审核类业务与咨询类业务而产生的角色冲突。这是证券市场中介机构角色冲突的两种类型，也是本书研究对象的本质与核心所在。

第五章是本书的重点部分，该部分尝试提出证券市场中介机构角色冲突的抗制路径。从行政监管、司法诉讼及行业自治三个层面提出问题解决对策。在行政监管层面，提出重构委托—代理关系、加大对中介机构不定期检查力度及构建同业举报制度等措施，同时对违规中介机构设置与融资比例挂钩的处罚机制以及"声誉资本"负面评价机制。在司法诉讼层面，本书认为应将证券市场中介机构因角色冲突导致的其对广大投资者利益损害的责任识别为侵权责任，从原告资格、侵权责任归责原则、损害赔偿范围以及证券市场中介机构侵权责任集团诉讼机制等方面完善我国证券侵权诉讼的既有制度，通过私人诉讼的力量解决中介机构角色冲突问题；特别是在损害赔偿范围问题上，鉴于我国及传统大陆法系国家成文法缺乏对该问题具体的可操作性规定，笔者检索英美法院大量判例，在案例中为证券损害赔偿范围问题寻求答案。在行业自治层面，在探讨证券市场中介机构行业自治主体及自治权来源、性质的基础上提出行业自治的具体措施，以期通过证券市场中介机构自我监督的方式解决中介机构角色冲突问题。同时，本书也对证券市场中介机构组织对受到损害的投资者进行先行补偿的机制以及中介机构角色冲突的预防机制做了一定程度的探讨。

三 分散与融通：研究方法的协同共治

"工欲善其事，必先利其器"，作为学术研究的重器，研究方法对于法学研究甚至是整个社会科学学术研究的重要性毋庸置疑。所谓社会科学的研究方法，简单来说，就是按照社会科学研究的一般规律研究社会问题的方法。按照这种方法，研究者应当将法律问题视为一种社会问题，不仅要关注"书本中的法律"，更要关注"社会生活中的法律"，也就是法律在社会中的实施状况。无论是立法活动、司法活动还是法律改革，都属于研究者所要研究的"法律现象"。将社会科学的研究方法引入法学研究中来，意味着研究者要以科学的态度展开自己的研究。①现代社会科学的发展，在研究方法上表现为愈加细化的研究方法分野，各个学科都有具有自身特色的研究方法，例如经济学的计量分析方法、哲学的逻辑分析方法、统计学的数理分析方法等。而法学作为一个派生性的问题导向型学科，在缺乏特有研究方法的情况下，需要综合运用其他学科的研究方法来丰富和完善自身解决问题的手段和方式。

运用正确的研究方法是保证研究结论正确的先决性条件。在研究方法高度专门化的当下，除单独运用某一研究方法外，面对错综复杂的跨部门法问题，甚至跨学科问题，研究方法的交叉融合、协同共治乃是解决问题的有效方案。本书中的证券市场中介机构角色冲突问题不仅仅是一个法学领域的问题，也是一个综合性的社会问题，涉及经济学、社会学等相关学科，因此有必要综合运用社会科学研究的基本方法来解决这一问题。本书拟通过逻辑分析与历史分析相结合、语义分析、比较分析、法律经济分析与领域法学分析等研究方法的综合运用，全面地对这一严峻社会问题予以思考与回应。

（一）逻辑分析与历史分析相结合的方法

社会科学的研究是一个连续的思想进程，必须具有逻辑连贯性、系统性和经验可证伪性。思想进程的进一步发展不过是历史过程在抽象的、理论上前后一贯的形式上的反映。逻辑分析与历史分析相结合的方法是马克思主义研究的一个基本方法。对研究对象进行历史的分析，需要考察其发展的历史脉络，力求客观公正地评价历史，结合该问题产生的时代背景，最大限度地探究其历史流变，同时运用逻辑推演的方式去

---

① 陈瑞华：《刑事诉讼法学研究的回顾与反思》，《法学家》2009 年第 5 期。

解决这一问题。本书充分运用逻辑分析与历史分析相结合的方法，第二章从证券市场中介机构角色冲突历史维度溯源，找寻证券律师与证券会计师等角色冲突现象的生成路径，并从中归纳出角色冲突共通性的问题，使客观存在的角色冲突现象和其背后的原因在思维逻辑中正确地反映出来。同时利用不完备法律和博弈论的理论逻辑，证成后文为解决问题所提对策部分的相关主张。

（二）语义分析方法

语义分析就是对语言进行分析，它通过分析语言的要素、结构、语源和语境来揭示语言的意义，以发现正确使用语言的方法。这种方法来源于语言哲学，即语义分析哲学。在法学研究的方法群中，语义分析方法有其独特的作用和优点。语义分析方法以分析语言的要素、结构，考察词语、概念的语源和语境，来确认、选择或者给定语义和意义，而不是直接采用定义或从定义出发。这有助于克服法学研究中的"定义偏好"现象。[①] 概念和范畴是法学研究的最基本单元和起点，也是本书通篇论证的基点，因此对核心概念进行语义分析至关重要。本书对"角色冲突""看门人"等核心概念进行了严格的分析和阐述，这样有利于更加清晰准确地为本书的研究做出基础性铺垫和逻辑化表达。

（三）比较分析方法

"他山之石，可以攻玉"，比较分析方法是法学研究的重要方法。通过比较研究各国相关法律规范、技术、理念，可拓展思想的边界，促进对本国当下法律制度的反思，改善本国法律，增强法律的统一性。比

[①] 张文显、于莹：《法学研究中的语义分析方法》，《法学》1991年第10期。

较分析方法的理念贯穿本书研究的始终，是本书大量采用的分析方法，如本书第五章"证券市场中介机构角色冲突的抗制路径"中就大量运用了这一方法。在行政监管路径上，在信息披露、行业门槛、审核机制及监管合作领域，通过对美国、德国和英国的相关制度文本进行研究，在进行本土化适应性分析之后加以借鉴；在司法诉讼路径上，对证券市场中介机构侵权责任归责原则、损害赔偿范围和证券市场中介机构侵权责任集团诉讼的设置等，借鉴了英美判例法的相关内容。尤其是在损害赔偿范围问题上，大陆法系国家成文法中并未规定证券损害赔偿范围的边界，缺乏具体可操作的标准，而英美法系国家判例法中有成熟的案例能够对该问题提供指导，可资借鉴。对大陆法系国家成文法和英美法系国家判例法的双重借鉴，为本书的对策分析提供了良好的国际视野。

（四）法律经济分析方法

法律经济分析方法是将"个人理性"及其相应方法论——个人主义作为其研究方法的基础，将经济学的"效率"作为核心衡量标准，将"成本—收益"及最大化方法作为基本分析工具进行法律问题研究的方法。利用法律经济分析范式对法律规则和行为人的行为进行分析，能够对法律实施的效果及行为人行为的动因做出结论，并且能够以效率的标准对该效果或行为的动因做出价值评价。例如本书在分析证券市场中介机构是否选择与上市公司合谋的问题上，就通过法律经济分析方法将中介机构按照"理性经济人"的标准进行假设，对其行为进行"成本—收益"分析，并对该行为做出价值评价；又如本书在对策部分提出证券市场中介机构侵权责任集团诉讼设置也是通过法律经济分析方法探讨我国证券法和民事诉讼法中为什么没有设置此类制度，以及建议我国从立法上对设置该类制度持肯定态度，法律经济分析方法在本书主体论证和对策提出部分都得到了大量的应用，是本书研究过程中运用的重要研究方法。

（五）领域法学分析方法

随着社会的发展，社会关系越来越复杂，将调整某一特定领域社会关系的法律规范统称为某种"领域法"的情况愈来愈多。作为对社会现实的回应，以问题为中心，以各个领域法律现象、法律规范为研究对象的新兴学科和交叉学科便应运而生。这些学科的研究对象往往是某一重大社会领域具有整合性、交叉性和复杂性的法律现象，无论是从学理层面去建构、解释、适用这些领域法规范，还是从治理层面去回应、协调、解决这些领域问题，传统部门法理论与方法在适用性方面都会存在难以为继的情况。[①] 这便需要具有交叉融合特性的领域法，整合既有研究方法和研究手段，以问题为中心，在法学研究方法层面进行统合。证券市场中介机构角色冲突治理问题已经突破传统部门法的问题界限，其涉及民商法中的合同关系与侵权关系、行政法中的行政监管与行政处罚，甚至涉及刑法中的刑事责任配置，需要综合运用多个部门法的治理手段对其进行解决。与此同时，对该问题的规则适用与解释，既需要对制度文本进行语义分析，又需要对该问题的形成轨迹做历史流变阐释，还需要对主体行为特质和行为动机做出法律经济分析。因此，对证券市场中介机构角色冲突问题，只有综合运用领域法学以问题为中心的新兴融合式研究方法，才能从根本上予以解决。

[①] 刘剑文等：《领域法学：社会科学的新思维与法学共同体的新融合》，北京大学出版社，2019，"代序"第2页。

四 本土与他山：研究现状的一般梳理

（一）本土经验：国内研究现状

目前，国内学者更多的是对证券市场中介机构角色冲突这一问题进行分割式研究，即单纯研究某类中介机构存在的问题，并未总结出整个"看门人"行业在这个问题上的共通性特点。

朱慈蕴等在《评注册会计师对第三人的民事责任——围绕会计界与法律界的观点冲突展开》（《法学评论》2007 年第 4 期）一文中针对会计界与法律界对于证券会计师对投资者责任承担的不同态度做了论述，指出证券会计师的责任配置要取决于资本市场的环境和成熟程度，其民事责任的分配实质上就是在会计职业利益与社会公众利益之间寻求平衡的问题。

郭雳在《我国证券律师业的发展出路与规范建议》（《法学》2012 年第 4 期）一文中分析了证券律师存在的角色冲突，并指出，律师作为资本市场"看门人"，其职能的实质就是对委托人利益和公众投资者利益进行再平衡。文章提出，我国证券律师发展出路在于准入市场化、职责明晰化、职业规范化和功能专业化，同时离不开监管部门的正确定位和引导。

冯果等在《内幕交易的民事责任及其实现机制——写在资本市场建立 20 周年之际》（《当代法学》2011 年第 5 期）一文中指出了当下中国证券民事诉讼的困境以及可能的实现方式，同时对证券民事责任的性质做了探讨。

马其家在其著作《证券民事责任法律制度比较研究》（中国法制出版社，2010）中以比较研究的视角对美、英、德、法等国证券市场虚假陈述、欺诈客户、内幕交易等各种情形的证券民事责任分配方式进行总结,同时通过英美法系国家判例法所确定的规则对证券侵权损害赔偿范围、证券民事诉讼主体资格等问题进行介绍。

耿利航在其著作《中国证券市场中介机构的作用与约束机制——以证券律师为例证的分析》(法律出版社,2011)中以证券律师为切入视角对中国证券市场中介机构的作用和约束机制做了深入探讨。该书从证券市场中介机构的作用与约束机制原理、证券律师约束机制、责任承担、归责原则、集团诉讼问题以及法律责任机制评价等方面系统地对证券市场中介机构作用与约束机制进行了深刻的论述。特别是在证券律师的约束机制方面,该书从声誉机制、法律责任(刑事责任、民事责任和行政责任)、证券律师承担民事责任的范围以及对他人虚假陈述的"警告"责任等方面进行了详细的论述。

刘燕在其著作《会计师民事责任研究:公众利益与职业利益的平衡》(北京大学出版社,2004)中以会计师的民事责任特别是会计师在执业过失下的民事责任为研究对象,分析了会计师执业过失下的民事责任与专家责任的不同。从法律责任的角度展开,深入阐述了会计师审计的法律视角与职业视角的差异,探讨了当会计师面对法律规范与职业标准之间的冲突时如何把握法律责任与社会责任的平衡,讨论了由此产生的一系列问题,例如第三人责任承担问题,包括第三人的范围界定、会计师侵权责任之归责原则、会计师对于会计信息使用者实施侵权行为的责任承担问题,并对如何解决这些问题提出了建设性的建议。

(二)他山之石:域外研究现状

美国哥伦比亚大学法学院教授约翰·C.科菲在其著作《看门人机制:市场中介与公司治理》(北京大学出版社,2011)中以安然公司和世通公司两大资本市场巨头虚假信息披露事件及安达信会计师事务所在这起虚假信息披露事件中的推手身份为起点，关注了证券市场中介机构角色冲突问题。该书以历时性分析的方式梳理了作为证券市场中介机构的证券律师、证券会计师和证券保荐人执业方式的历史流变，深刻论述了在高度专业化的证券市场中，中介机构存在的角色冲突和行为异化导致"看门人"机制失灵问题，指出作为"看门人"的证券会计师、证券律师和证券保荐人都会产生行为异化，并提出通过重构委托—代理关系解决这一问题。同时提出了声誉资本在"看门人"机制运作过程中的重要作用。该书第一部分第四章还指出"看门人"机制运行的一个前提条件是一个国家中资本市场上市公司股权结构的分散程度较高，这就为比较研究提供了一个对于域外制度移植是否能够成功的适应性分析的操作标准，在证券市场中介机构角色冲突抗制路径选择问题上发挥着重要的作用。

美国哈佛大学教授、美国证券交易委员会前副首席法律顾问路易斯·罗思等在其著作《美国证券监管法基础》（法律出版社，2008）中结合《萨班斯法案》的相关规定，强调上市公司高管和董事的责任、法定披露制度的完整性、欺诈责任，以及对审计师、证券律师和研究分析师的更多关注。分析了《萨班斯法案》为联邦证券法规则和条例带来的各种重大变化。该书亦对《1933年证券法》和《1934年证券交易法》这两部美国证券交易、监管方面基石性的法律从制定背景到条文规则进行了完整解读。同时在民事、行政和刑事责任方面，对证券市场中介机构与上市公司合谋进行虚假信息披露之规制进行了较为详细的论述，并指出美国证券法对于责任性质、归责原则、损害赔偿范围以及证券市场中介机构尽责的标准等问题，在成文法规定的基础上，通过联邦和州法院的众多判例指明了具体标准。这些由普通法和衡平法判例发展而来的具体标准是大陆法系国家成文法所不具备的，这就为制度的比较和借鉴提供了丰富的素材。

托马斯·李·哈森在其著作《证券法》（中国政法大学出版社，2003）中详细论述了美国证券法中关于规制证券信息披露和证券欺诈的著名的 10b-5 规则，从该规则在诉讼中的重要性、因果关系和损害赔偿额的确定等方面进行了全面解读。该书还论及证券市场中介机构责任的问题，对该问题的探讨是在美国《1933 年证券法》的框架下进行的，分别从行政制裁、刑事制裁、证券交易委员会禁令救济和私力救济几方面进行探讨，特别探讨了证券市场中介机构放任、合谋甚至教唆上市公司从事证券违法行为时的规制问题。同时在《1934 年证券交易法》的框架下对多个被告（含证券市场中介机构）诉讼中控制人责任、帮助和教唆责任以及责任分摊和补偿问题进行了探讨。

从 20 世纪 60 年代中期开始，会计师法律责任进入侵权法领域。1968 年发生在美国罗得岛的 *Rusch Factors v. Levin* 案，标志着普通法世界第一次要求会计师对合同关系之外的信息使用人承担民事责任。[①] 法律关注焦点的转向导致人们开始对证券市场中介机构的问题予以关注，中介机构尤其是证券会计师与上市公司合谋的财务舞弊问题成了这一领域的一个重要研究话题，澳大利亚学者巴克斯特（Baxt）1970 年发表的《现代公司的审计师——19 世纪的看门人？》、美国学者费弗利斯（Fiflis）1975 年发表的《会计师对第三人责任的前沿问题》、美国注册会计师协会委托的独立委员会在 1978 年发表的《审计师的法律责任：报告、结论和建议》以及美国国会麦卡特委员会 1979 年发布的调研报告《增强上市公司及其审计师的责任》等都关注了证券市场中介机构和上市公司合谋的问题。

---

① 刘燕：《会计师民事责任研究：公众利益与职业利益的平衡》，北京大学出版社，2004，第 7 页。

第一章　证券市场中介机构角色冲突的本质与成因

第一节　证券市场中介机构角色冲突的本质

一　证券市场中介机构角色冲突内涵界定

"冲突"一词在《学生辞海》中释义如下。第一，有矛盾；争斗；争执。第二，两种或几种动机同时存在又相互矛盾的心理状态。分为三种基本类型：向往—向往型，即两种动机都想实现却只能实现一种；回避—回避型，即两种事物都想拒绝而又必须选择一种；向往—回避型，即对一种目标既想争取又想回避。第三，指文艺作品中人和人、人和环境或人物内心的矛盾及其激化，是构成情节的基础和展示人物性格的重要手段。戏剧作品特别重视冲突，没有冲突就没有戏剧。本书在第二种意义上使用"冲突"一词，即冲突是指两种或两种以上力量或性质同时存在又相互矛盾的心理状态，多指相互对立的、互不相容的力量或性质（如观念、利益、意志）的互相干扰。

"角色冲突"这一术语是指当同一主体在同一时间分别扮演两个及以上不同角色时，这一主体不能完全承担不同角色所设定的义务导致的该主体角色内部发生的矛盾与冲突以及角色之间生成的矛盾与

第一章 证券市场中介机构角色冲突的本质与成因

冲突。

本书在证券市场中介机构角色冲突研究中所涉及的"角色冲突",是在角色间冲突意义上使用这一概念的,即证券市场中介机构在资本市场中作为同一主体同时承担两种不同的角色,且此两种角色在主体职业伦理和行为利益两个方面都存在矛盾和冲突。该矛盾和冲突都是围绕着资本市场信息披露问题产生的。

信息本身就是力量,没有信息,公众便不知所措。在信息充分披露的前提下,广大投资者才能够识别和阻却证券违法行为,受到虚假信息披露行为侵权的受害者才能获得有效赔偿,资本市场的基石——信息披露制度才能够很好地维持和延续。证券市场信息披露主要是指公众公司以招股说明书、上市公告书以及临时报告和定期报告等形式,把公司及与公司相关的信息,向投资者和社会公众公开披露的行为。上市公司信息披露是公众公司向投资者和社会公众全面公开信息的桥梁。投资者和社会公众对上市公司信息的获取,主要通过在大众媒体上阅读各类临时报告和定期报告。投资者和社会公众在获取这些信息后,会将其作为投资抉择的主要依据。真实、全面、及时、充分地进行信息披露至关重要,只有这样,才能对投资者真正有帮助。一方面,证券市场中介机构组织作为专业的中介机构组织,具有完备的财务和法律相关知识,应该成为资本市场"看门人",纯化资本市场交易信息,对财务风险和信息披露风险有所把握和控制,运用其自身具有的专业知识进行职业判断,确保上市公司所披露的业务信息和财务信息的真实性,进而保证资本市场中广大投资者能够获取真实交易信息,作为其行为选择的基础。另一方面,证券市场中介机构组织是受雇于上市公司的,上市公司雇佣这些中介机构组织并对其付费,而法律赋予其的任务是监督上市公司信息披露行为,这从根本上是与委托—代理理论相矛盾的。按照委托—代理理论，委托人（上市公司）雇佣受托人（证券市场中介机构组织）并对其付费，那么受托人在这种委托—代理的模式下应为委托人利益工作，并且对委托人负责。但是证券法赋予中介机构的法定职责并非为上市公司工作并对上市公司负责，相反是要对上市公司的相对方，即资本市场广大投资者负责。而上市公司与广大投资者在相当多的时候又存在严重利益冲突，这就会导致作为资本市场"看门人"的中介机构存在其角色无法绕过的职业伦理和行为利益的冲突。

二 证券市场中介机构角色冲突本质分析

在现代汉语中，"本质"有两重含义。一方面表征本性、固有的品质；另一方面表征一个哲学范畴，指事物的根本性质、事物固有的内部联系，由事物所包含的特殊矛盾构成，并由其主要矛盾的主要方面决定，与"现象"相对。尽管人们还能以其他词语表达本质的含义，但"本质"这一概念内含着寻求最根本的东西的意义。人们寻求本质并不是单纯为了满足认识上的寻根偏好，其目的在于以本释末，为自己的思想和行为寻找最终根据。因此，追寻本质的意义体现在认识论和价值论领域。[①] 鉴于人类理性的有限性，对"本质"的认识应该是具体的历史的命题。根据当下经济社会发展的具体情境，对本质的揭示和探寻应该具备时代的意义。只有对某一事物的本质及决定该事物内在矛盾性的因素进行深刻的理解，才能够更好地去研究该事物的本体内容及规制路径。研究证券市场中介机构角色冲突这一课题的前涉性问题应该是对证券市场中介机构角色冲突本质的探寻。我们认为证券市场中介机构作为

---

① 蔡立东：《公司本质论纲——公司法理论体系逻辑起点解读》，《法制与社会发展》2004年第1期。

第一章　证券市场中介机构角色冲突的本质与成因

独立于上市公司和广大投资者的第三方中介机构，其角色冲突主要表现为职业伦理冲突和行为利益冲突这两个层面和维度。

（一）证券市场中介机构的职业伦理冲突

关于什么是职业伦理，学界存在不同的看法。维基百科（Wikipedia）给出的关于职业伦理的定义为：职业伦理（professional ethics）是专业团体根据其专业特性发展出来的道德价值观与行为规范，是在该专业领域里工作的理想指南，为专业人士在遇到职业方面的伦理道德问题时做出正确抉择提供依据。专业人士在处理专业方面的伦理道德问题时，应该遵循职业伦理所涵盖的道德价值观与行为规范。专业人士可以应用职业伦理的知识来帮助处理专业方面的伦理道德问题。

专业指的是一种专门从事的职业，这种职业在学术或技术方面需要高度专门化的知识与能力。每当遇到某个特定方面的问题时，相关专业人士通常能够给出合理的答案，这不是大多数人能力可及之事，因为他们没有接受过相关训练。而知识发展日新月异并经常出现新的信息，因此专业人士亦需经常继续深造及钻研自己专精的学科，以便日后解答新的问题。怎样应用专业知识与能力，促使其更优良地服务大众，这可以视为一种道德论题，又称为职业伦理。按照每种专业各自不同的特性，在各个领域会形成特别的职业伦理，例如医学伦理、商业伦理、法律伦理和工程伦理等。

熟知职业伦理的专业人士比较能够在面对问题时做出正确判断，能够运用所拥有的技术实事求是地处理专业问题，未接受相关训练的人士则很难这样做事。表现职业伦理的最早范例之一无疑是希波克拉底誓词。现今，执业医师仍旧需要宣誓遵守希波克拉底誓词的某种修改版。

职业伦理究其实质而言，是从事该职业的主体所应该自觉秉持的在该行业从业的总体性价值要求。它是从事该行业的从业者所应该具备的社会一般价值观的行业内部遵循。职业伦理的存在价值主要是解决该行业从业者在从事该行业工作时所发生的伦理背离与主观价值混乱的问题。

职业伦理的实施机制通常是专业组织设定组织内部作业的行为守则，会员必须遵循这些行为守则，目的在于防止会员剥削顾客，维持专业声誉。这不仅是为了顾客的利益，也是为了会员的利益。专业组织常会设定纪律守则来标明行为标准，促使每一个会员的行为都能达到标准，任何会员若未能按标准行事，则会被组织惩戒。这样，可以赢取大众对会员专业工作的信任，促使大众继续接受会员的专业服务。举例而言，假设发生了一宗严重车祸意外，并且有很多人受伤，在车祸现场附近的普通人不应该被责怪没有紧急救治这些受伤人员，因为他们不懂如何紧急救治。然而，获得完整医学教育的医生应该能够正确地诊断病情并治疗这些受伤人员。假若他们在这种紧急状况下不挽袖救人，通常会被认为缺乏职业伦理。未获得医学训练的人士不会被认为缺乏医学职业伦理，因为假若他们动手救治病患，可能会造成更严重伤害，甚至使得伤员失去生命，那么他们反而会被视为过失伤人。把从业者按照职业加以区分，形成特定的社会角色，并在此定位基础上对其权利与义务做出规定，这样来说，职业伦理其实就是角色伦理。

从职业伦理的角度去分析证券市场中介机构角色冲突，中介机构组织是受上市公司雇佣的一方，上市公司对其付费，因此基于委托—代理理论，代理人是在替委托人从事职业活动，应该以委托人的利益最大化为目的。以律师职业为例，法律的使命和任务是维护社会的公平正义，作为法律职业共同体一部分的律师，其固有的使命是秉承法律职业共同的职业伦理，也即维护社会公平正义，这是法官、检察官和律师所共同秉持的职业伦理。但是律师群体除必须遵循这一要求之外，更重要的是

第一章　证券市场中介机构角色冲突的本质与成因

要秉持在法律允许的框架内争取委托人利益最大化的原则，尤其是在刑事案件中当辩护律师获知了犯罪嫌疑人现阶段还没有被法庭知晓的犯罪（除准备或正在实施危害国家安全、公共安全以及严重危害他人人身安全的犯罪之外）信息时，那么其职业伦理要求律师不应主动向法庭揭发该嫌疑人的犯罪信息，而是应该选择为其保守该秘密。同样，证券市场中介机构在其执业过程中也要严格遵循其职业伦理，即以其委托人（雇主）——上市公司利益最大化为行为准则。证券律师和证券会计师要在尽职调查的基础上分别对上市公司IPO过程中的业务信息和财务信息以及按照证券法要求发布的年报、半年报中的业务信息和财务信息的真实性进行审查，在审查过程中如果发现相关信息不真实，不能主动披露，只能选择对上市公司进行信息反馈，提出整改和修正意见。而按照现行的资本市场法律法规的相关规定，中介机构组织虽然受到上市公司的雇佣，但是其角色定位是监督上市公司信息披露行为，进而使资本市场的广大投资者能够获取真实的交易信息进而做出自身的行为选择。通常情况下，上市公司会为了其股价的上升以及在资本市场筹集到更多的资金而发布虚假的信息以粉饰公司业绩，欺诈资本市场广大投资者，达到推高公司股价和大规模融资的目的。按照证券法的要求，证券市场中介机构应该依靠自身的专业知识和业务能力纯化资本市场交易信息，保证信息的真实性，为广大投资者守好资本市场的"大门"，确保其获知的信息都是真实的。在这样的情况下，证券市场中介机构的角色就出现了二元分化：一方面，证券市场中介机构组织接受上市公司的雇佣和付费，按照委托—代理理论，其应该以上市公司利益最大化为行为的价值导向和依归；另一方面，按照证券法的相关要求，证券市场中介机构的任务就是以其专业的知识技术和能力纯化资本市场交易信息，保证广大投资者获得的信息的真实性。如前文所述，在资本市场场域，上市公司的价值目标和广大投资者的利益诉求存在严重背离和相当程度的对立，而证券市场中介机构一方面要以上市公司利益最大化为目标，另一方面又要按照证券法的要求，确保资本市场广大投资者的利益，这就必然导致证券市场中介机构在职业伦理层面存在严重的角色冲突。

（二）证券市场中介机构的行为利益冲突

通俗地讲，利益即好处。所谓利益，就是人们受客观规律制约，为了满足生存和发展而产生的对于一定对象的各种客观需求。《牛津法律大辞典》中将"利益"解释为：个人或个人的集团寻求得到满足和保护的权利、请求、要求、愿望或需求，利益是由个人、集团或整个社会的、道德的、宗教的、政治的、经济的以及其他方面的观点而创造的。个人利益包括个人物质生活和精神生活需要的满足，个人身体的存续和健康，个人才能的利用和发展等。作为市场参与主体的理性人都有追求自身利益最大化的行为选择倾向。社会是由人组成的，社会因人而存在，为人而存在。作为理性的个体，每个人都有自己的利益，都在追求自己的幸福，这是天性使然，这一点没有什么力量能够改变。[①] 在每个人都追求自身利益的情况下，社会出现利益冲突就在所难免。所谓利益冲突，是指不同主体间存在利益的差异化，且差异化的利益之间是对立的，不具备相容与重合可能性，或者是同一主体在具备二重以上角色时，每一重角色所代表的利益存在对立或者不相合的情况。

以律师职业为例，利益冲突是律师职业中的一种常见现象，即委托人的利益与提供专业服务的从业者本人或者与其所代表的其他利益之间存在某种形式的对抗，进而有可能导致委托人或者其他受益人的利益受

[①] 张维迎：《博弈与社会》，北京大学出版社，2013，"序言"第1页。

损，或者有可能带来专业服务品质的实质性下降。在其专业服务过程中存在利益冲突必将伤及专业服务的职业精神和职业共同体的社会公信力。但是这里需要注意的是，本书所探讨的作为证券市场中介机构之一的证券律师，其角色与传统的诉讼律师相比具有自身的特点，主要体现在两个方面：第一，证券律师扮演着"交易工程师"（transaction engineer）的角色，往往很少出庭，几乎不会参加公司的诉讼业务，他们工作的大部分内容是为大型公司客户和公共机构客户提供规划、组织及协商交易服务；第二，证券律师的主要任务是以其法律专业技能监督上市公司信息披露行为，通过尽职调查纯化资本市场交易信息，确保上市公司所披露信息的真实性，进而维护资本市场广大投资者的利益。

考察美国的情况，在罗斯福新政之后，SEC要求公众公司提供与发布的信息越来越多，证券律师相应地需要准备或者审查披露文件及股东的信息交流。由于这些文件带有法律责任风险，公司自然希望由律师们对之予以检审。但是，随着时间的推移，为公开募股而做的披露文件准备时常演化为一项精心的尽职调查，而这项调查是发行人律师与承销商律师一起完成的。[①] 但是随着证券律师职业的发展，为了吸引到客源，证券律师职业的操作模式也在逐渐转型：证券律师已经不能如其本来功能定位所期许的那样忠实地监督其公司客户，相反，在律师职业存在同质化竞争的今天，精英律所的证券律师可能会为了争取到上市公司这样的大客户而主动选择被"俘获"，放弃其固有的职业操守，选择与上市公司合谋，帮助上市公司在信息披露方面造假，以获取高额咨询费，其由此变成资本市场信息披露欺诈行为的推手。

[①]〔美〕约翰·C. 科菲：《看门人机制：市场中介与公司治理》，黄辉、王长河等译，北京大学出版社，2011，第219页。

律师职业存在竞争，是一个替代产品较丰富的领域，即有众多其他律所可以提供相同的服务，如果不选择与上市公司合谋，则可能面临没有业务开展的尴尬局面。另外，法律市场是一个高度专业化的市场，即便是证券律师选择了与上市公司合谋进行虚假信息披露，广大普通投资者一般也不具备专业知识去识别证券律师造假这个问题，而具有专业知识的同行，即其他证券律师大多会采用心照不宣、协同一致的方式默认该证券律师与上市公司合谋发布的虚假消息，这样做的目的在于当今后自身所在律所同样存在与上市公司合谋进行虚假信息披露的情况时，也不会有同行揭露这个问题。

经过上述分析，问题就一目了然地呈现在我们面前：一方面，证券律师本来应该按照证券法和证券监管部门的要求，代表广大投资者的利益监督上市公司的信息披露行为；另一方面，证券律师与其本应该监督的对象即上市公司合谋进行信息披露造假进而获取巨大的收益，并且这种合谋是相对隐秘和专业的，不易被发现。在这种情况下，证券律师同时扮演着上市公司的雇佣劳动力与资本市场广大投资者的守护者这样两个存在利益冲突的角色，必然会导致证券律师这一行业存在行为利益冲突的情况。

与证券律师职业相类似，同样存在行为利益冲突的是证券会计师职业。证券会计师在资本市场的职责主要是审计上市公司披露的财务信息，确保上市公司向广大投资者所披露的信息真实可信。相比证券律师所负责的公司业务信息，财务信息属于更具专业性的领域，对于不具备相关技能的证券市场投资者而言，完全靠自身能力去分析这些复杂的财务报表几乎是不可能的事情。为此，证券法和证券监管部门要求证券会计师在资本市场中以其专业的财务知识与审计技能纯化上市公司所披露的财务信息，确保这些信息的真实性，进而维护证券市场广大投资者的利益。

第一章 证券市场中介机构角色冲突的本质与成因

会计作为一个古老而又现代的职业,其基本职能是对经济活动进行核算和监督。在《资本论》中,马克思曾经描绘过远古印度公社中的农业记账员的形象。① 在传统观点看来,会计的一项重要职能就是对公司财务信息进行审计监督,确保公司财务信息的真实性,这也是证券会计师所应该坚守的职业操守。在这样的情况下,对公司财务信息的审计应该成为会计职业的主要职能。

在世界主要资本市场涉及证券监管问题时,各国证券法律都会规定上市公司在资本市场披露信息时必须出具由证券会计师签发的无保留意见的审计报告。这为证券会计师从事公司审计业务的角色承担提供了法律基础和依据。但是在证券会计师与上市公司关系问题上,证券会计师承担的角色不是单一的而是二元的,即双重角色。证券会计师在承担资本市场上市公司财务信息审计者角色的同时,随着时间的推移,还会受上市公司雇佣,针对上市公司开展财务咨询业务。证券会计师的咨询业务主要涉及受上市公司雇佣,对其财务信息按照证券法的要求进行修改;即使上市公司的财务信息存在虚假和不实的情况,为了获取高额利润,证券会计师也会选择与上市公司合谋,对其不真实财务信息进行粉饰,之后披露到资本市场进行股权融资,最终损害广大投资者的利益。

在现代社会,通过对会计师收入的分析,我们可以看出其收入构成已经发生明显的变化,证券审计业务的收入只是其总收入中比较小的一部分,其收入的大部分都来源于所开展的上市公司财务咨询业务。证券会计师向审计客户无限扩张财务咨询服务,这对广大投资者的利益和整个行业都构成了潜在的威胁。咨询和审计造成的收入分歧不仅造成了结构性压力,还催生了一种新的做法:为了争取盈利开展更多的咨询业务,审计合伙

---

① 〔德〕马克思:《资本论》第 2 卷,郭大力、王亚南译,上海三联书店,2011,第 85 页。

人逐渐演变成咨询业务的营销人。在这种情况下，证券会计师会为了招揽利润丰厚的咨询业务而选择和上市公司合谋。证券会计师之所以会选择与上市公司合谋，原因在于会计行业是一个高度垄断的行业。全球范围内，德勤、普华永道、毕马威和安永这四大会计师事务所的业务成交量占据全行业的绝大多数。某会计师事务所在发现其他会计师事务所存在与上市公司合谋造假行为时，往往会采取协同一致的处理方式，默许其他会计师事务所的合谋行为，以便日后自己选择合谋从事同样的造假行为时也会得到其他会计师事务所的认可。

从应然层面分析，证券会计师乃是证券市场信息披露真实性的保证者，应为广大投资者提供保护；实然层面呈现的却是证券会计师为了自身的利益，选择与其监督对象合谋，从而赢得更多的咨询业务，正如在安然公司与世通公司财务造假案中安达信会计师事务所的行为。证券会计师作为一个主体，同时肩负着二重角色，且二重角色所代表的利益是存在冲突的，这就是本书中证券市场中介机构角色冲突所要论及的行为利益冲突。

以美国 2000~2001 年发生的大规模资本市场危机为例，证券市场中介机构行为利益冲突导致的严重后果全景式地展现了出来。2001~2002 年，美国这一资本市场最为发达的国度爆发了大量的公司丑闻。数以百计的公众公司重述了其公司的财务报表，几十家公司被美国证券交易委员会起诉，一些高管被刑事指控。这些公司的崩盘无疑暴露了公司内部和外部监督机制的彻底失败。这些案件的违法动机都是千方百计地使公司股价最高化，造假方式包括捏造盈利、延迟费用入账、隐瞒责任或者从事可疑的表外交易等。但是上述行为的"成功"取决于公司审计人员和其他专业机构的协助或者至少是默认。此处问题是，作为资本市场"看门人"的中介机构为何没有发出否定和反对的声音？实际上，公司交易存在问题的危险信号一直存在,只不过是广大投资者所信赖的"卫兵"故意视而不见。① 鉴于上市公司是中介机构组织的"衣食父母",只有上市公司的聘用才能对中介机构组织业务的持续增长起到正向的促进作用,而且上市公司的咨询业务需求为中介机构组织带来的利益要远高于证券法要求其开展的审核业务所能获取的收益,这些中介机构组织出于自身行为利益最大化的考量选择对此违规行为集体沉默。

第二节 证券市场中介机构角色冲突的成因

一 证券市场中介机构职业伦理冲突的成因分析

(一)委托—代理关系异化下的职业伦理冲突

传统的委托—代理理论是制度经济学契约理论的主要内容之一,其主要研究的委托—代理关系是指一个或多个行为主体根据一种明示或隐含的契约,指定、雇佣另一些行为主体为其服务,同时授予后者一定的决策权力,并根据后者提供的服务数量和质量对其支付相应的报酬。授权者就是委托人,被授权者就是代理人。委托—代理关系起源于社会分工专业化的存在。在传统的委托—代理关系中,代理人受委托人雇佣,从委托人处领取相应的报酬,同时代表和维护委托人的利益。在这种互动模式中,委托人和代理人的关系是正向相关关系,二者的行为目标和利益追求具有明确的一致性和高度的契合性——委托人负责向代理人支付酬劳,而代理人按照委托人的要求做出相应行为。此种模式下的激励

---

① 参见〔美〕约翰·C. 科菲《看门人机制:市场中介与公司治理》,黄辉、王长河等译,北京大学出版社,2011,第17~18页。

机制是有效果的，同时也是高效率的。委托人雇佣机会的给予和劳动报酬的发放，能够有效刺激代理人基于自身利益最大化的考量，以委托人利益为中心开展工作，在这种情况下，鉴于行为目标的一致性和利益追求的契合性，传统委托—代理模式中的主体关系是稳定的，运行架构也具备建立在委托、受托两方主体双赢基础上的可持续性。

但是随着现代市场经济的发展，特别是经济金融化浪潮来袭，在证券市场中出现了完全不同于传统市场经济的交易主体关系和结构。这一复杂的交易主体关系和结构的存在使传统委托—代理关系发生了异化，导致既存的主体间行为模式和结构发生了变异，致使传统委托—代理理论中的预期目标和激励手段陷入了失灵的境地。具体而言，在现代证券市场中，除证券监管部门之外，还存在上市公司、中介机构组织和广大投资者这三类不同的交易参与主体。在这三类主体中，上市公司是资本市场信息发布的直接主体。按照证券相关法律的要求①，上市公司在拟上市时向证券监管部门所报送的资料以及按照规定做出的中期报告和年度报告中，必须含有证券会计师和证券律师所出具的无保留意见的审计

---

① 《中华人民共和国证券法》第12条规定："公司首次公开发行新股，应当符合下列条件：……（三）最近三年财务会计报告被出具无保留意见审计报告……"美国《1933年证券法》第7条关于证券注册所需提交的资料条款中规定："如果任何会计师、工程师、鉴定人或那些职业赋予他权利可这样做的人因准备或核实注册报告书的一部分，或是因准备或核实与注册报告书有关的一份报告或评价书被列入名单，必须有该人的一个书面同意字据与注册报告书一起提交存档。如果任何这类人准备了或核实了与注册报告书有关的一份报告或评价书（而不是公开的、官方的文件或声明），并且已被采用，但此人却没有被列入名单，那么此人的书面同意字据也须和注册报告书一起提交存档。"美国《1934年证券交易法》第78条之十三关于证券发行需提交的资料的规定中也有相应内容："依据本编第78条之十二登记注册的证券的发行者，应按照委员会为保护投资者和保证公平的证券交易而制定的规则和规章，向委员会提交……（二）如果委员会的规则和规章要求，由独立的会计师证明的年度报告（以及它们的复印件），以及委员会可以规定的季度报告（以及它们的复印件）。"

第一章　证券市场中介机构角色冲突的本质与成因

报告和法律意见书，这是证券法中的效力性规定。也就是说，如果上市公司披露的信息未经过证券会计师和证券律师等专业的证券市场中介机构审核并且签发无保留意见的文书，则该信息披露是无效的。从市场选择的层面考量，未经过专业的证券市场中介机构认证的上市公司信息披露无法形成市场公信力。上市公司信息披露的内容通常包含公司年度财务审计报表包括资产负债表、利润表、现金流量表等和律师的法律意见书，这类资料具有相当程度的专业性，只有受过专业财务审计或法律训练、具备相关领域知识的专业人士才能够掌握报告中的全部信息并且鉴别其真伪。然而证券市场的广大投资者除了很小一部分精英群体具备上述专业知识，绝大多数对于这一部分的专业知识和技能处于缺乏状态。上市公司披露的信息是广大投资者据以做出投资决策的主要依据，在很大程度上也是其了解某一上市公司的主要渠道。鉴于自身不具备相应的专业技能，并且上市公司披露的信息对于投资决策又具有至关重要的作用，广大投资者作为理性经济人需要寻求具备专业知识和技能的证券市场中介机构的帮助。证券法中关于上市公司信息披露需要证券会计师和证券律师等专业中介机构把关的规定的立法本意，也是保护资本市场广大投资者的利益。在这种情况下，原有的二元主体委托—代理关系被迫转换为三方主体之间更加复杂的委托—代理关系。所谓三方主体之间委托—代理关系，其架构为：委托方雇佣受托方监督委托方信息披露行为，为第三方的利益服务。具体而言，在上述三方关系中，上市公司是委托方，负责按照证券法要求进行信息披露，并且寻找证券会计师和证券律师等证券市场中介机构对其所披露信息的真实性进行审核；广大投资者作为资本市场交易的参与主体是上市公司所披露信息的使用者，此类信息真实与否对于其投资成功与否至关重要；证券会计师和证券律师等证券市场中介机构作为上市公司的受托方，接受上市公司的雇佣，审核其所披露信息的真实性,以此来确保广大投资者在资本市场上的根本利益。这种三方主体关系就完全突破了传统意义上二元委托—代理关系,使代理关系发生了异化,导致作为受托方的证券市场中介机构组织的职业伦理产生了严重的内部矛盾和冲突。证券市场中介机构组织作为三方主体关系中的受托方,接受委托方即上市公司的雇佣,按照委托—代理的法理,其应该为上市公司的利益服务,并且上市公司作为委托方是为受托方创造工作机会、带来业绩和利润的一方,无论从法理上还是内心的倾向性层面,证券会计师和证券律师等证券市场中介机构都希望为上市公司的利益服务。但是,在这种三方主体委托—代理关系中,作为受托方的证券市场中介机构组织被要求在接受委托方即上市公司雇佣的基础上,为第三方即资本市场广大投资者的利益服务,这就造成了委托—代理关系异化下的证券市场中介机构职业伦理发生强烈冲突。同时,这种情况在很大程度上削弱了证券会计师和证券律师等证券市场中介机构行为的独立性。中介机构行为的独立性将最终决定这种第三方监督机制的作用效果。存在预谋欺诈行为的上市公司更多的是在市场上寻求那些心甘情愿与其共谋、轻易放弃职业道德向利益屈服的中介机构。劣质上市公司从虚假的中介机构鉴证中往往能够得到比优质诚实上市公司更多的好处,因此劣质上市公司通常有能力也更愿意向与其合谋的中介机构支付更高的佣金。在此种情况下,如果支付的佣金足够补偿中介机构的声誉损失,那么中介机构与上市公司的合谋就是"有效率"的。[①]此时该类中介机构也有动机和动力去选择与上市公司合谋造假。在这种情况下,无论从情感上还是从行为动力上,作为证券市场中介机构的证

---

① 耿利航:《中国证券市场中介机构的作用与约束机制——以证券律师为例证的分析》,法律出版社,2011,第37页。

券会计师和证券律师群体很难发自内心去完成证券法赋予他们的维护资本市场广大投资者利益的任务，证券市场中介机构的职业伦理冲突也就很自然地出现了。

（二）日常道德与职业道德分立下的职业伦理冲突

在高度专门化的中介机构市场中，职业道德通常被赋予双重意涵。一种属于纯粹的职业道德问题，比如法官贪污、受贿、生活作风腐化或者证券会计师恶意帮助上市公司做假账等；另一种是与大众日常道德判断或者感觉相冲突，或者即使遵循大众的生活道德，也会出现两难问题，其中夹杂着工作价值取向的伦理问题。具体而言，日常道德是人本能具有的东西，更是后天养成的合乎行为规范和准则的东西。它是社会生活环境中的意识形态之一，是做人做事和成人成事的底线。它要求我们且帮助我们，并在生活中无形地约束着我们。它是社会大众对于某一主体或行为进行评价时为全社会所认可的评价标准，这种标准是基于人类社会若干年共同的选择积淀下来的通用性标准。在公众看来，一旦某个行为违反了这些日常道德标准的要求，则会被判定为非道德行为，受到社会公众的否定性评价。

职业道德同人们的职业活动紧密联系，是职业特点所要求的道德准则、道德情操与道德品质的总和，其中包括职业品德、职业纪律、专业胜任能力及职业责任等。它既是本职人员在职业活动中必须遵循的行为标准和要求，同时又是该职业对社会所负的道德责任与义务。在当今社会，随着社会分工专业化的逐步推进，不同的职业根据自身的职业伦理衍生出了各自不同的职业道德，这种职业道德同传统社会的道德在一定程度上是相互背离的。从业者按照职业伦理要求遵守职业道德所做出的职业行为，在传统道德语境下很可能被判断为不道德的行为。以刑事案件辩护律师的职业伦理为例，作为法律职业共同体的一员，传统道德要求律师维护公平正义，彰显法律的权威，律师需要用自己专业的法律知识守护这个社会的公平正义，帮助形成惩恶扬善的美好格局；然而，在专业分工细化的背景下，刑事案件辩护律师作为受犯罪嫌疑人委托的案件辩护人，其职业伦理和职业道德要求其在法律允许的范围内最大限度地维护其委托人即犯罪嫌疑人的利益，无论是在实体权利还是程序权利方面，辩护律师都有义务帮助犯罪嫌疑人获得公正审判，减轻刑罚等，使其利益最大化。很极端的情况如，故意杀人案件犯罪嫌疑人在会见律师时，告诉律师除了检察机关所指控的故意杀人罪，他还从事了毒品犯罪，这种情况下受委托的律师是否应该在维护公平正义的传统道德理念下主动揭发该犯罪嫌疑人关于毒品的犯罪呢？答案是否定的，因为在刑事辩护律师职业伦理的要求下，按照法律要求实现委托人利益最大化才是律师最大的道德，在这种情况下，律师职业道德和民众认可的"犯罪就应该得到法律惩罚"的一般日常道德相背离。① 美国现实主义法学家卢埃林就有这样一段经典论述："法律人是集众多冲突于一身的人。与这个社会的任何人相比，他同时要面临众多相互竞争的主张和忠诚。他必须以最佳的状态为当事人服务，但同时，又不能忘记自己是法庭官员（officer of Court），因而对整个法律制度的和谐运行有特殊的义务的现实。你会发现，这些责任就如兄弟姐妹，相互之间无法分清孰重孰轻；你会发现，他们会以你另外责任的方式出现——为了你的良心、你的信仰、你的家庭、你的伴侣、你的国家，以及其他在你心目和精神中完美

---

① 相关法律条文参见《中华人民共和国律师法》第30条："律师担任诉讼法律事务代理人或者非诉讼法律事务代理人的，应当在受委托的权限内，维护委托人的合法权益。"第31条："律师担任辩护人的，应当根据事实和法律，提出犯罪嫌疑人、被告人无罪、罪轻或者减轻、免除其刑事责任的材料和意见，维护犯罪嫌疑人、被告人的诉讼权利和其他合法权益。"

的理由,他们会将你向数以十计的方向拖拉。你必须学会处理这些矛盾。"①

  日常道德与职业道德相分离的现实致使证券市场中介机构发生职业伦理冲突的情形亦是不言而喻的。证券市场是一个高度专业化的市场,存在上市公司、中介机构组织和广大投资者三方主体的法律关系。中介机构组织应该为广大投资者,尤其是缺乏证券专业知识和技能的广大投资者纯化资本市场披露的信息,守住资本市场的大门,确保其利益不被侵害,这是传统道德中民众主观正义感受对证券市场中介机构组织的行为要求。然而在分工专业化的当下,按照职业道德的要求,证券市场中介机构组织要在委托—代理框架下,在法律许可的范围内,最大限度地维护上市公司的利益。上市公司和广大投资者一样,都是市场经济中的理性经济人,都会以自身利益最大化作为其行为的价值追求。对于上市公司而言,在证券市场实现融资是其最初的行为动机,但是在公司行为异化之后,其很可能追求短期效益,采取机会主义行为,通过虚假信息披露在资本市场榨取广大投资者的资金。在这种情况下,上市公司的目标与广大投资者的目标是存在根本矛盾的。如果按照传统的道德要求维护广大投资者的利益,这些中介机构就必须运用自己法律和财务审计的专业知识和技能揭露上市公司信息披露不真实之处,导致披露出现瑕疵,严重情况下可能会发生证券诉讼;如果这些中介机构选择遵从其行业的职业道德,维护上市公司的利益,不去揭露上市公司信息报告中的不真实之处,选择沉默甚或与上市公司合谋,这种情况下虽然会很好地按照职业伦理和道德的要求维护上市公司的利益,但是这和传统日常道德相背离,与此同时,可能还会使证券市场中介机构和其

---

① Mary Ann Glendon, *A Nation under Lawyers*, Farr, Straus and Giroux, 1992, p.17.

委托人陷入"对价性"思维的误区。作为雇主的上市公司一方，由于自己掏腰包来购买证券律师或者证券会计师的法律或财务审计服务，容易将中介机构为其隐瞒或者主动帮助其造假进行虚假信息披露视为理所应当的事。当然，基于委托—代理的法理，证券市场中介机构组织作为上市公司的受托人，以其雇主利益最大化为自己的行为目标也无可厚非，因为这符合委托—代理的法理精神，但是会和普通民众的道德感相违背，这种情况在律师职业尤为突出。法律职业从业者（律师）的法律服务很容易成为引起和庇护社会不平等的帮凶，进而使得人们把那些"为富不仁""社会不公"的账都算在"总是明目张胆地维护不公正现象"的法律职业从业者身上。与此相关的是，法律人的独特职业思维，即法律职业伦理规范的基本原则，比如"运用术语进行观察、思考和判断""通过程序进行思考，遵循向过去看的习惯""注重缜密的逻辑，谨慎地对待情感因素""只追求程序中的真，不同于科学中的求真"[①]，会导致证券市场中介机构在日常道德与职业道德分立情况下衍生出职业伦理冲突。

二 证券市场中介机构行为利益冲突的成因分析

（一）根本原因：理性经济人自利的行为本质

个人是社会科学中分析问题的终极单位，也是各种价值的最终归宿。不考虑有目的的行动者个人的计划和决策，所有的社会现象都不可能得到理解。社会中存在的超越个体的规则、结构和可理解的模型是个体协商和选择的结果，个人的利己本性是一切社会关系形成和展开的人性基础，应当注重从个人追求自我利益最大化的自发互动和路径依赖这一独

---

① 孙笑侠：《法律家的技能与伦理》，《法学研究》2001年第4期。

第一章 证券市场中介机构角色冲突的本质与成因

特视角理解规则、结构和可理解的模型等的生成和变迁。① 在对人类行为进行分析时,理性经济人假说通常会被作为分析的逻辑起点。诚如哈耶克所言:"我们惟有通过理解那些指向其他人并受其预期行为所指导的个人行动,方能达致对社会现象的理解。"② 对于个人行为的分析才是分析一切问题的逻辑起点,"合乎理性的人"通常简称为"理性人"或者"经济人"。按照对个体行为分析最为透彻的奥地利学派的观点,人的行为是有目的的。我们也可以这样说:行为是见之于活动而变成一个动作的意志,是为达到某些目的,自我对于外界环境的刺激所做出的有意义的反应,一个人对于那个决定其生活的宇宙所做的有意识的调整。③

证券市场中介机构作为在资本市场中有丰富经验的理性人,也秉持"理性人"自我利益最大化的价值取向进行活动。这一过程是专业中介机构的"声誉资本"和其与上市公司合谋行为"成本—效益"的比较分析过程。专业的中介机构在资本市场中从事中介服务工作多年,以自身专业的财务、法律等相关知识服务大量的客户,并在客户中累积了较高的声誉。广大投资者认为经过这些专业中介机构审核的信息和金融产品应该不存在任何问题,因此其在资本市场为投资者提供金融产品的核实和鉴定服务(表现为出具审计报告或者法律意见书),并据此获取高额报酬,这就使得此类中介机构在资本市场中所获得的较高声誉转化为能够为其带来利益的资本,即声誉资本(reputational capital)。其可以将自身的声誉资本出借给公司股票发行人,担保发行人所披露的财务和

---

① 蔡立东:《公司自治论》,北京大学出版社,2006,第7页。
② 〔英〕F. A. 冯·哈耶克:《个人主义与经济秩序》,邓正来译,生活·读书·新知三联书店,2003,第12页。
③ 〔奥〕路德维希·冯·米塞斯:《人的行为》,夏道平译,上海社会科学院出版社,2015,第13页。

业务信息的真实性，从而使投资者或者市场能够据此信赖发行人的信息披露和证券品质。这些中介机构也正是凭借其强大的声誉资本完成对资本市场进行监督的使命的。[①] 拥有声誉资本的中介机构需要追求自身利益最大化，这里就存在理性的中介机构对于其声誉资本所带来的收益与选择同其服务对象（上市公司）合谋造假所获得的收益孰高孰低的比较。如果中介机构拥有强大的声誉资本，并在交易中承担声誉风险，那么即使在缺乏有效的法律诉讼救济机制的情况下，中介机构也会有动力去抵制与其客户共谋造假而可能获得的一时的收益。反之，虽然中介机构需要在交易中承担声誉风险，但是如果与客户共谋造假所获得的收益大于声誉资本所产生的收益，同时这种共谋行为不容易暴露，那么理性的证券市场中介机构就会毫不犹豫地选择后者。

（二）外部原因Ⅰ：证券市场信息的专业性及市场竞争环境的缺失

证券市场投资者据以做出其判断的准据性信息无疑是上市公司报告中所披露的相关财务信息和业务信息，按照证券法的相关规定，这些信息必须经过有资质的证券会计师和证券律师出具无保留意见的审计报告和法律意见书才能够对外发布。也就是说，证券律师和证券会计师的职责是以其专业的知识和技能为广大投资者鉴别上市公司所披露信息的真伪，进而通过信息纯化来守住资本市场的大门。上市公司在其报告中披露的信息主要包括财务信息和业务信息两大类。这两大类信息都是具有高度专业性的信息，不具备专业知识的投资者根本没有鉴别信息真伪的

---

① 王彦明、吕楠楠：《我国上市公司外部监督论略——以"看门人"机制为分析进路》，《社会科学战线》2013年第12期。

第一章　证券市场中介机构角色冲突的本质与成因

能力。以我国上市公司信息披露要求为例，中国证监会发布的《公开发行证券的公司信息披露内容与格式准则第 2 号——年度报告的内容与格式（2021 年修订）》（中国证券监督管理委员会公告〔2021〕15 号）中规定上市公司信息披露应包括重要提示、目录和释义，公司简介和主要财务指标，管理层讨论与分析，公司治理，环境和社会责任，重要事项，股份变动和股东情况，优先股相关情况，债券相关情况，财务报告等内容，财务报告中应包含资产负债表、现金流量表和该两年度的比较式利润表等相关资料，读取这些资料对于没有受过专业财务知识训练的普通投资者而言无疑是十分困难的。当证券市场中介机构行为利益发生冲突时，信息披露的专业性给其为自身利益最大化选择与上市公司合谋进行虚假信息披露进而损害广大投资者利益提供了外部环境的可能性。因为只有中介机构自身和虚假信息发布者即上市公司能够读懂所披露的专业信息，而广大投资者对于这一类信息处于无知状态，此时纵使中介机构对于不真实的信息披露做出无保留意见的审计报告和法律意见书，以其专业的"声誉资本"作为保证，也能够使广大投资者没有任何疑问地相信相关信息的真实性，这就为其在行为利益冲突时以自利的价值取向选择与上市公司合谋提供了可能性。

此外，证券市场中介机构组织所处的行业的竞争不足也为中介机构在面对行为利益冲突时选择做出自利行为提供了外部条件。前文已经论述，信息披露是一项极具专业性的活动，那么作为信息披露监督主体的证券市场中介机构，其入行的条件要求相当高。在我国，证券律师职业要求从业者通过法律职业资格考试，具备相当深厚的法学专业背景，同时还要在证券行业有一定职业经验；同样，证券会计师需要通过我国注册会计师职业资格考试，同时要在证券行业有一定年限的工作经历。单单这些条件就会使证券市场中介机构成为小众人群从事的行业。这一行业的运行也需要依靠行业从业者丰富的专业知识和长期在资本市场中从业积累下的强大的"声誉资本"。这就使得进入这一行业的门槛相对较高，而客户也比较倾向于选择那些在市场上从业时间久、名声大的中介机构组织为自己服务，致使该行业少数几家大型中介机构组织产生寡头垄断效应。在此种情况下，同一市场中的各个中介机构组织就会相互串通，或者心照不宣地协同行动，对其同行与上市公司的合谋欺诈行为视而不见。在证券市场中介机构组织行业，资源分配的"二八分化"现象十分严重和明显，不到20%的会计师事务所和律师事务所垄断了整个行业80%以上的业务。这种不充分竞争现象十分明显，几家大型的会计师事务所、律师事务所占有相当大的市场份额，在这一领域的竞争中占有绝对优势。以律师职业为例，在A股IPO市场中，国浩、中伦、金杜、天银和国枫等律师事务所一直处于行业领先地位，占据着相当大的市场份额。

表1-1是《新财富》杂志所统计的2010年A股IPO市场发行人律师市场份额TOP 25情况，从此表中可以看出，所列的TOP 25律师事务所的市场份额已经占到整个市场份额的81.21%（其中TOP 10的市场份额为59.21%），处于绝对的市场优势地位。

表1-1　2010年A股IPO市场发行人律师市场份额TOP 25情况

排名	律所名称	2010年承担IPO项目的实际募资额（亿元）	律师费用（万元）	市场份额（%）
1	国浩	409.53	5057	11.05
2	金杜	551.16	4652	10.16
3	中伦	300.49	3725	8.14
4	天银	443.13	3159	6.90
5	国枫	131.20	2386	5.21
6	竞天公诚	182.77	2272	4.96

续表

排名	律所名称	2010年承担IPO项目的实际募资额（亿元）	律师费用（万元）	市场份额（%）
7	信达	131.75	1886	4.12
8	康达	147.74	1436	3.14
9	德恒	784.09	1340	2.93
10	启元	112.05	1190	2.60
11	海问	87.28	1095	2.39
12	锦天城	87.75	1070	2.34
13	天元	71.16	932	2.04
14	通商	123.37	862	1.88
15	通力	47.69	761	1.66
16	万商天勤	70.41	714	1.56
17	中银	40.01	625	1.37
18	瑛明	31.81	598	1.31
19	天册	46.35	597	1.30
20	君泽君	53.77	546	1.19
21	金茂凯德	19.79	520	1.14
22	君合	49.97	489	1.07
23	凯文	51.55	453	0.99
24	嘉源	177.34	449	0.98
25	大成	41.35	355	0.78

资料来源：《新财富中国最佳投行》，《新财富》2012年刊。

这种市场竞争程度的不充分是长期存在的，中介机构组织会以自身利益最大化的行动逻辑进行自身行为选择，是否选择以与其他中介机构组织进行合作串谋为其行动规则，只能是各利益主体长期博弈的结果，而不可能通过制度规定设计出来。规则系统本身必须在文化进化的过程中发展出来，而不能经由人们的设计创造出来，因为我们的智力还不足以承担此项任务。[1] 长

---

[1] 〔英〕弗里德利希·冯·哈耶克：《法律、立法与自由》（第二、三卷），邓正来等译，中国大百科全书出版社，2000，第513页。

期来看，经过中介机构组织内部群体长期的利益博弈和新鲜个体的逐渐加入并参与到博弈行为中，自治机制可以使市场竞争程度向着充分的方向发展，但需要一个漫长的过程，而现阶段不完全的市场竞争局面是客观存在的，这无疑为证券市场中介机构行为利益冲突提供了其发生所必需的外部条件。

（三）外部原因Ⅱ：审核业务与咨询业务的巨大利润差异

按照证券法的相关要求，证券律师和证券会计师这类证券市场中介机构的主要职责是用自身的专业知识和技能对上市公司信息披露进行专业的审核，进而纯化资本市场信息披露，为市场交易秩序及广大投资者的利益服务。证券律师的职责在于对目标公司的业务信息进行审核，依靠其专业知识对目标公司信息披露中所涉及的经营业务的合法性、合规性进行审核，确认其是否符合相关法律法规的规定并出具带有签字的法律意见书；证券会计师的职责是根据自身财务专业知识对目标公司所披露的财务信息进行审核，判断该财务信息是否存在虚假披露、不合规财务数据调整等证券法所禁止的事项，并根据审核结果出具无保留意见或者有保留意见的审计报告。以上内容即为证券法要求证券市场中介机构在资本市场中所开展的审核业务。通过开展审核业务，这些中介机构收取审核费用并以此作为收益。

除了信息审核业务，证券市场中介机构所开展的还有另外一种业务，即咨询业务。所谓咨询业务，是指上市公司为使自身的业务行为和财务数据符合证券法规定的要求，通过支付顾问费的方式聘请会计师事务所和律师事务所作为其财务顾问和法律顾问，帮助公司进行业务处理，使其财务信息和业务信息都能够满足证券法所规定的资本市场信息披露要求。对中介机构组织来说，与信息审核业务相比，咨询业务的利润收入往往更为可观，通常上市公司向其自主聘请的咨询服务提供者支付的顾问费会数倍于其支付给按照证券法要求聘请的审核单位的费用。原因在于上市公司通过支付相对较高的顾问费聘请专业的法律和财务团队为其处理相关业务，能够确保其信息披露完全符合证券法的相关要求，既可以降低证券监管部门的信息审核成本，也可以树立诚信的公司形象，进而在资本市场更轻松地进行融资。在这种情况下，上市公司支付的顾问费与其在资本市场获得的收益相比是微不足道的，因此上市公司有动力聘请顾问单位并且支付相对高额的顾问费用。咨询业务的出现在一定程度上也改变了中介机构组织内部的业务结构和范围。以会计行业为例，20世纪90年代初，资本市场的咨询业务异军突起，很多会计师事务所开始进行业务转型。从表1-2中全球"五大"会计师事务所①收入统计可以看出彼时会计行业收入结构的改变。

表1-2 全球"五大"会计师事务所收入来源对比分析（1990~1991年）

单位：%

收入项目	所占比例	
	1990	1991
会计与审计	53.00	34.00
税收	27.00	22.00
咨询	20.00	44.00
合　计	100.00	100.00

资料来源：The Panel on Audit Effectiveness Report and Recommendations, 31 August, 2000。

---

① 此处指全球最大的五家会计师事务所，即德勤会计师事务所（Deloitte Touche Tohmatsu）、普华永道会计师事务所（Pricewaterhouse Coopers）、毕马威会计师事务所（KPMG）、安永会计师事务所（Ernst & Young）及安达信会计师事务所（Arthur Anderson）。在后来的美国安然公司会计丑闻中，安达信会计师事务所参与了共同造假行为导致公司失信，最终倒闭。现阶段会计实务界只剩下"四大"。

从表 1-2 中可以清楚地看出，相较于 1990 年，1991 年咨询业务的收入增长了一倍有余，并且超过了同时期会计与审计业务 10 个百分点。尽管根据历史记录，审计业务此时并不景气，但是可以看出咨询业务收入具有相当大的成长空间。此时会计师事务所的经营策略也相应地发生了改变，更多的是通过审计业务的开展，与上市公司管理层交好，甚至顺从上市公司管理层的意见与其合谋造假，欺诈资本市场中的广大投资者，以此争取利润高昂的咨询业务。退一步讲，即使没有咨询业务收入的激励，会计师事务所也明白，如果自己不选择顺从客户或者不能使客户满意，不但自身的审计业务可能会被竞争对手所取代，而且咨询业务可能会先于审计业务被中断，当咨询业务和审计业务双双被取代的情况发生时，会计师事务所的自身利益会受到极大损害，于是顺从、合谋就成为会计师事务所作为理性人的不二选择。如前文所述，证券市场信息披露是一个相当专业的领域，需要具备专业知识才能够驾驭，而作为信息使用者的广大投资者中很少有人具备此类专业知识，也就是说，在弱小的投资者面前，拥有强大专业知识和声誉资本的中介机构选择合谋造假是很难被外界所发现的。唯一能够发现其合谋行为的就是同行业的从业者，但是由于行业利益具有一致性以及该行业的有效竞争不足，市场上只有少量竞争参与者，且各个竞争参与者都会或多或少为自身利益最大化而合谋，即使同行业竞争者发现其行为，也都会遵守"行业惯例"保持沉默。因此，为了追求高利润回报的咨询业务机会，在被发现的风险较小的情况下，证券市场中介机构更多时候会基于理性人自利的行为本质选择放弃资本市场"看门人"的角色，弃广大投资者的利益于不顾，与上市公司合谋，帮助其进行虚假的信息披露。这是出现证券市场中介机构角色冲突中行为利益冲突的一个重要的外部原因。证券律师在市场审核业务和咨询业务之间的行为选择的分析路径与证券会计师的行为选择的分析路径具有高度趋同性，此处不再赘述。

第二章 证券市场中介机构角色冲突的历史考察

第一节 证券律师角色冲突的历史考察

律师职业从产生到发展经历了相当长时间的历史变迁，经历了从无到有、从弱到强、从无角色冲突到强烈角色冲突的发展阶段。通观律师职业的发展史，根据律师从事的业务类型不同，我们可以将其划分成传统业务律师和新型业务律师。传统业务律师就是我们惯常意义而言的律师，在这一律师群体中是不存在职业角色冲突问题的。新型业务律师是我们通常所说的证券律师，这类律师的任务是根据自身的专业知识和职业技能，鉴别资本市场中上市公司披露信息的真伪，以纯化资本市场交易环境。其接受上市公司委托却要为广大投资者监督作为其雇主的上市公司。证券律师作为伴随资本市场发展逐渐成长起来的一个新兴职业，在执业过程中面临激烈的角色冲突问题。哲学家维特根斯坦说："发现起点（beginning）是如此困难。或者毋宁说：从起点开始是困难的。"[①]但是从事物或对象的起点开始进行研究会得出更加清晰的结论。因此，

---

① 应奇：《概念图式与形而上学——彼得·斯特劳森哲学引论》，学林出版社，2000，"前言"。

证券市场中介机构角色冲突论

本节立足于律师职业的发展史,以时间顺序为主轴,通过对比中外律师职业发展历程,从其角色冲突的起点开始对律师职业角色冲突进行历史考察,以期对本书所要论述的主题形成更加深刻的认识。

从法律史的角度考察传统律师的角色,其更多的是辩护士,其唯一的职责便是为其客户的利益而代表客户进行狂热的争讼。① 证券律师与传统律师相比在职能定位上是有较大差异的,具体而言主要体现在以下两个方面:第一,证券律师更多的是扮演"交易工程师"的角色,很少出庭(类似于英国早期的"沙律师"),几乎不开展直接诉讼的业务,他们更多的是为客户商事交易中必不可少的环节如制定规划、审查合同、设计交易架构等提供服务;第二,按照证券法的相关要求,证券律师通过其自身法律知识和技能为客户完成信息披露之前的尽职调查等事务,并为客户的信息披露出具法律意见书,从而给资本市场广大投资者提供准确的交易信息以供参考。在这种情况下,出现了证券法上的三方主体关系,导致证券律师作为资本市场"看门人"产生角色冲突问题。

律师角色的冲突是伴随资本市场兴起产生的一种现象。传统律师业务的法律关系中通常只涉及两方主体,即律师和委托人。在这种情况下不会

---

① 这一经典的表述由 Broughm 勋爵发表于1821年卡罗琳女王(Queen Caroline)通奸案的审判中,当时他主张:辩护律师在履行职责的时候,在世界上只认一个人,这个人就是他的客户,辩护律师的首要也是唯一的义务就是,为了营救其客户,通过一切手段、不惜一切代价进行辩护,不管其辩护行为会给其他人(包括辩护律师自己)带来什么危害和成本,并且在履行上述义务过程中,辩护律师绝不能考虑其辩护行为可能给他人带来的惊恐、折磨和破坏。参见 J. Nightingale ed., *The Trial of Queen Caroline* 8, London, Albion Press, 1821, quoted in Charles Fried, *Right and Wrong*, 1978, p.177。参见 Model Code of Professional Responsibility EC 7-1 (1981)("律师的义务——既是对其客户的义务,也是法律制度所规定的内容——就是在法律的范围内积极地代表其客户……"),转引自〔美〕约翰·C.科菲《看门人机制:市场中介与公司治理》,黄辉、王长河等译,北京大学出版社,2011,第218页。

第二章　证券市场中介机构角色冲突的历史考察

涉及角色冲突问题，律师的业务活动的目标就是其委托人利益最大化。但是在证券市场兴起后，尤其是在美国安然事件以及金融危机爆发后，人们越来越多地将目光投向证券律师这一证券市场中介机构，因为证券市场上出现的这种法律关系中存在上市公司、证券律师和证券市场投资者三方主体。证券律师在接受上市公司雇佣的同时，又要为证券市场投资者服务。因此，在这种情况下就会出现证券律师接受一方委托，为另一方利益服务的角色冲突问题。检视出现角色冲突阶段证券律师发展的历史，对于本书问题的深入研究将有所助益。由于西方国家资本市场和我国资本市场有不同的发展状况，与之相对应的证券律师角色冲突的流变过程亦有所差异。

一　西方社会证券律师职业角色冲突的溯源考察

证券律师角色冲突问题出现在资本市场这一专业的场域，究其实质，证券律师角色冲突的流变是由不同时期证券市场监管机构的立场、法院对于证券律师责任的态度以及不同时期证券律师在资本市场所扮演的角色和起到的作用不同引起的。因此本章主要关注西方发达国家证券市场律师角色冲突的历史流变。鉴于在全球范围内，美国的证券市场无论是在兴起、发展抑或是在监管措施先进度等方面都走在世界的前列，是资本市场发展的风向标，具有相当的代表性，本部分对于发生角色冲突阶段证券律师角色定位的历史考察选取了美国证券市场律师角色的发展为参照系进行分析。

美国的证券市场中关于证券监管和证券诉讼的法律主要由证券交易委员会制定的法案和美国各级法院的典型判例构成。证券交易委员会目前有八部制定法，分别为《1933年证券法》、《1934年证券交易法》、《1935年公用事业控股公司法》、《1939年信托契约法》、《1940年投资公司法》、《1940年投资顾问法》、《1970年证券投资者保护法》和《2002年公众公司会计改革和投资者保护法案》（《萨班斯法案》）。此外，证券交易委员会在《1978年破产改革法》中的公司重组方面还发挥顾问职能。这些法律的立法目的在于通过制度规范促使上市公司向投资者披露真实完整的信息，使投资者清楚了解该上市公司的财务会计和公司治理等影响资本市场投资决策的关键信息。从上述法案颁布时间可以看出，美国证券法律制度大致形成于三个不同时期，即20世纪30~40年代、20世纪70年代以及21世纪初，在这三个时期，美国证券市场对证券律师的角色和义务有不同的定位，与此同时，不同时期美国法院对于证券律师的角色和责任在判例中都有不同的表达，这与证券交易委员会的态度具有一致性，都能够表征证券律师在资本市场中角色的流变过程。本部分将从三个不同时期，即20世纪30年代大萧条时代至20世纪70年代的宽松时期、20世纪70年代至21世纪初的相对严格时期以及21世纪初"萨班斯-奥克斯利"时代及其后的严格监管时期对美国资本市场中证券律师角色的历史流变进行考察，以期对证券律师角色冲突问题产生更加深刻的认识。

1. 宽松时期：20世纪30年代大萧条时代至20世纪70年代

1929年，美国经济开始进入大萧条（the Great Depression）时代，大萧条使美国资本市场遭到重创，并于其后发生了无限蔓延的多米诺骨牌效应，传导至整个资本主义世界，造成了全球性危机。[1] 这一时期美国证券监管部门和司法界面对资本主义经济大危机的局面，更多地希望借

---

① 大萧条始于1929年10月19日美国纽约股票交易所的集体股票大抛售行为，到10月29日抛售达到了顶峰，这一天被称为美国股市的"黑色星期二"。一周之内美国证券交易所蒸发财富市值逾100亿美元，从9月3日到12月20日道琼斯指数股指跌幅近40%，至1932年股指持续下跌近84%，市值损失超过70%。危机迅速蔓延到欧洲国家、亚洲的日本等资本主义国家的证券市场，造成了世界性的经济危机。据统计，在长达十年的大萧条时期，资本主义世界损失达2500亿美元，这一损失已经超过第一次世界大战所造成的1700亿美元的损失。

助资本市场的再次兴起和发展来恢复美国经济，毕竟金融对于经济的刺激和拉动作用在一定程度上要强于且快于实体经济。因此，这一时期，在资本市场的立法中出现很多加强信息披露的相关规定。在监管层看来，完善的信息披露是最有效的监管，"阳光是最好的消毒剂，灯光是最有效的警察"是当时美国证券监管层不变的信条。① 在《1933 年证券法》和《1934 年证券交易法》等相关法律的制度设计中，SEC 将信息披露不真实的责任配置给了上市公司自身，而对于证券律师的责任并没有严格的规定，即除非证券律师积极参与上市公司的信息造假行为，否则不会被追究相关的责任。也就是说，证券律师只能以违法行为人的身份而非失职法律顾问的身份被法院判处承担法律责任。这一时期，SEC 承认并尊重律师与客户之间的保密特权原则，尊重证券律师以客户利益最大化为其行动的价值取向。因此，这一时期证券律师更多的是为上市公司提供服务，并未承担对资本市场广大投资者的公共责任即"看门人"责任。在司法判例层面，当时的法院诉讼案件中，对于证券律师要承担的责任范围的要求也相对宽松。在 1965 年的奈斯瓦纳诉布利文斯违法出售股票案（*Nicewarner v. Bleavins*）中，证券律师几乎参与了其客户违法行为的每一步，甚至在关键申请文件的制作及避税方法的建议等方面也有参与，但是在诉讼阶段，证券律师声称其以法律顾问身份介入公司证券事务，对于违法事务毫不知情。在主审法官的最终判词中对于证券律师责任的认定表述如下：事实的确是如果没有证券律师的帮助，这些假冒的证券买卖基本上不会成功，但是本案中的证据也无法表明证券律师除干一名证券律师该干的事情以外还从事了其他的违法活动。② 从个案中可以看出，在这一时期，

---

① 〔美〕路易斯·D. 布兰代斯：《别人的钱：投资银行家的贪婪真相》，胡凌斌译，法律出版社，2009，第 53 页。

② *Nicewarner v. Bleavins*, 244F. Supp. 261（D. Colo 1965）.

整个司法界对于证券律师的责任认定基本上相对宽松，该时期证券律师并不会被要求承担资本市场"看门人"义务。而此一时期作为美国律师职业自治组织的美国律师协会（American Bar Association，ABA）对于律师的角色和责任范围并没有明确的态度。其制定的《律师职业伦理准则》《职业责任示范守则》中都未说明证券律师在执业过程中究竟应该以谁的利益最大化为行为准则，也未规定其明确的责任范围。可见，这一时期，对于证券律师角色冲突问题的认识是相对模糊的，这导致证券律师在责任承担的要求方面也相对宽松，并且在此后的三四十年间，SEC、司法界以及美国律师协会对于证券律师角色冲突问题一直保持此种态度。

2. 相对严格时期：20世纪70年代至21世纪初

大萧条之后的三四十年间，在宽松的证券监管政策下，随着美国经济的不断发展，其证券市场有了长足的发展。但是到了20世纪70年代末期，在经济周期理论的规律下，美国经济开始出现下滑，进入"滞涨"阶段。与此相对应，证券市场也出现了恶性逆转。因此，在美国证券法律制度经过四十余年的发展之后，管理层对于证券监管本身和证券律师应该承担何种责任的态度发生了明显的变化。以证券交易委员会为主导的监管层在认可证券律师维护其客户利益的原则的基础上，尝试性地为证券律师加上了维护公众投资者利益的任务。与此同时，司法界的判决也采取了与证券交易委员会相呼应的立场与态度，导致证券律师角色冲突问题更加显露出来。这一时期最能够表明证券交易委员会对证券律师态度的案件就是 SEC 诉全国学生营销公司案（*SEC v. National Student Market Corp.*）[①]，该案是美国历史上首个涉及律师承担责任扩大化问题的案件。在该案中，证券律师因没有拒绝对不合规的信息披露情况出

---

① *SEC v. National Student Market Corp.*，457F. Supp.（D. D. C. 1978）.

具法律意见书,也并未在上市公司行为违法时要求董事会改正或者解除合同、停止法律服务,而被认为与虚假信息披露存在牵连关系,因此要对误导广大投资者承担责任。该案件的出现及原告的诉讼请求表明了 SEC 对证券律师态度的转变,即在特定情况下,为了公共利益,证券律师对客户忠诚,并以其利益最大化为自身行动取向的这一原则在一定程度上被打破。

同证券交易委员会对于证券律师的态度转变具有一致性和趋同性,联邦法院对于证券律师责任范围的态度相较于之前也发生了一定转变。联邦法院在这一时期也普遍加大了证券律师责任的承担范围,要求在某种特定情况下,证券律师除了要承担对于其客户的责任,还要维护投资者的公共利益。联邦法院的态度转变是通过受理 SEC 提起的对于上市公司的民事诉讼以及其他主体提起的对于上市公司的民事诉讼完成的。在第二类即 SEC 以外的主体提起的民事诉讼中,法院的判决更能体现联邦法院这一时期对于证券律师责任承担范围的态度。美国第三巡回法院在 1994 年做出的 *Kline v. First Western* 政府证券公司案[①]判决中明确指出,尽管法律意见书是由证券律师在委托人提供的事实基础上出具的,但是这种法律意见书中如果存在不真实或不合规的信息进而误导投资者决策,依然会要求证券律师对此承担责任,并且会构成对《1934 年证券交易法》中 10b-5 规则[②]的违反,因而必须承担虚假陈述的民事责任。[③] 从上述

[①] *Kline v. First Western*, 24F. 3rd 480 (1994).

[②] 10b-5 规则是美国《1934 年证券交易法》中的一项重要规则。10b-5 规则的完整表述为:"任何人利用任何州际商业手段或设施、邮件,或利用任何全国性证券交易设施所实施的与任何证券买进或卖出有关的下列行为均为非法:①使用任何计划、技巧和策略进行欺诈的;②进行不真实的陈述或遗漏实质性的事实,这一实质性的事实在当时的情况下对确保陈述不具有误导性是必要的;③从事任何构成或可能构成欺诈他人的行为或商业活动的。"

[③] 〔美〕托马斯·李·哈森:《证券法》,张学安等译,中国政法大学出版社,2003,第312页。

判例中可以明显看出，这一时期无论是作为证券监管机构的 SEC，还是作为证券司法机构的联邦和州法院系统，对证券律师的责任要求都愈发严格。此一时期，监管层开始要求证券律师在一定程度和范围内为资本市场的广大投资者承担起"看门人"责任，这也就意味着证券律师的角色冲突问题开始显现。

美国律师协会的立场是保护证券律师的利益，面对 SEC 的强势监管和责任加强，虽然对 SEC 的观点和理念难以认同，但是不得不做出相应的妥协。美国律师协会于 1975 年发表了一份声明[①]，其内容总结起来主要为：律师应当按照职业伦理的要求为其客户保守秘密。任何要求证券律师向证券交易委员会揭露其客户信息的行政行为必须置于成文法之下，即在发生角色冲突的情况下，只有立法上有成文法要求证券律师这样做时，证券律师才会这样做。这种转移矛盾的方式能够在最大程度上解决证券律师角色冲突的问题。

3. 严格监管时期：21 世纪初"萨班斯－奥克斯利"时代及其后

2001 年 12 月与 2002 年 6 月，美国资本市场经历的安然公司和世通公司的财务丑闻，彻底打击了美国投资者对资本市场的信心，对美国资本市场构成了极大冲击。为了挽救处于危机边缘的证券市场，美国国会和政府加速通过了《萨班斯法案》，其终极立法目的是保护投资者的利益。这样的立法目的，必然会赋予证券律师完全的资本市场"看门人"角色，从而导致其全面的角色冲突，自此开启了证券监管的"萨班斯时代"。

这一时期，证券交易委员会对于证券律师责任范围的态度变得极其严苛，同时根据《萨班斯法案》第 307 条对于证券律师的规定，证券交

---

① ABA, "Statement of Policy Adopted by American Bar Association Regarding Responsibilities and Liabilities of Lawyers in Advising with Respect to the Compliance by Clients with Laws Administered by the Securities and Exchange Commission," July 1975.

易委员会获得了合法的证券律师行为规则制定主体的地位。① 按照《萨班斯法案》第 307 条的规定，证券律师要履行对于上市公司违法行为的主动报告义务，原因在于主动报告是对投资者利益的最大维护。《萨班斯法案》将律师的报告范围明确为对证券法的重大违反、违反职业道德诚信义务或类似的违法行为，并且将报告对象明确为公司内部。这一条文的另一个立法目的在于使证券交易委员会的 102（e）规则成文化，以便使该规则的制定权不再遭受此前不断的质疑。② 这也令美国律师协会一直质疑的证券交易委员会制定限制律师行为的规则主体资格问题有了定论。按照该法案的授权，SEC 制定了《律师职业行为标准》(2003)。该标准规定了律师的"阶梯式报告"义务，加强了律师在公司监督中所起的作用。所谓"阶梯式报告"义务，指的是公司证券律师将公司股票发行人、董事、高级职员和雇员及其代理人违反证券法的行为逐级报告给发行人的首席律师、首席执行官、审计委员会直至董事会这种逐步的、层级式的报告机制。③ 虽然这种层级式的报告机制使证券律师的报告义务维持在公司内部，但是这种法律配置的报告义务还是打破了传统的律师对当事人的保密义务，造成了证券律师的角色冲突。

---

① 《萨班斯法案》第 307 条的规定为："在本法案颁布后 180 日内，SEC 应本着维护公众利益及保护投资者利益的宗旨，对作为发行证券公司代理人的律师的言行制定最低要求，包括：（1）要求律师向公司的首席法律顾问或首席执行官报告公司（或其代理人）违反证券法律的行为及不履行受托义务的行为（或类似的违法行为）；（2）如果该公司的法律顾问或执行官员未对律师的上述报告做出适当回应（如对违法行为采取适当的补救措施或惩罚措施），则要求律师向该公司董事会下属的审计委员会报告，或是向该公司董事会下属的某一委员会（该委员会成员是未被公司雇佣的董事）报告，或是直接向该公司的董事会报告。"

② 〔美〕路易斯·罗思、乔尔·赛里格曼：《美国证券监管法基础》，张路等译，法律出版社，2008，第 1037 页。

③ 郭雳：《证券律师的行业发展与制度规范》，法律出版社，2013，第 77~78 页。

美国律师协会对于《萨班斯法案》持完全否定的态度，认为该法案对于证券律师的规制过于严苛，尤其是对其中的"声响退出"（noisy withdrawal）机制①颇为抵制。但是鉴于安然、世通等公司问题的严重性，美国律师协会的抵制并没有促成国会立法机关对于该法案的否定。因此，美国律师协会退而求其次，转而阻止证券交易委员会依据《萨班斯法案》第307条制定过分限制证券律师的相关规定，其中尤其反对法案中的"声响退出"机制。美国律师协会反对法案的直接原因在于希望律师群体尽量获得相对较大的自由空间，减少SEC对自身的监管，而深层次的原因更多的是弱化自身对于上市公司以外的证券市场投资者的责任。因为一旦此种责任被确认，在角色冲突背景下，整个证券律师阶层很可能会招致大量投资者的集体诉讼，证券律师与其客户关系的平衡也将被破坏，这将会对证券律师职业整体造成毁灭性的打击。

二 中国的证券律师职业角色冲突的历史流变

中国的律师职业角色冲突是特指证券律师而言的，只有在资本市场这种上市公司、证券律师和投资者三方主体并存的场域中才会发生律师的角色冲突。对于传统律师而言，角色冲突的情境是不存在的。也就是说，中国的证券律师职业角色冲突是伴随中国资本市场的发展而逐步发展起来的。我国资本市场建设起步较晚，发展水平较低，相关制度建设并不完善，证券市场投资者还处于行为非理性、风险意识不足的初级参与阶段。在证券市场发展之初，我国证券市场的非理性因素、不稳定因素就逐渐暴露出来。彼时证券市场规模相对较小，行政干预多、投机之

---

① 所谓"声响退出"机制，是指当重大违法行为发生且公司内部针对该违法行为的改正被证明无效时，律师必须辞职，并要求律师或公司基于职业考虑必须向证券交易委员会汇报该辞职行为及其原因。

风盛行，市场呈现大起大落的特点。据统计，在 1990 年 12 月 29 日至 1999 年 5 月 17 日期间，上海股市共有 402 个交易周，其中处于上升波段的有 164 周，处于下降波段的有 238 周。股指最高到 1500 点以上，最低则跌至 350 点以下，起落频繁，振幅巨大。① 因此，在我国证券市场建设之初，制度设计者就通过立法和行业管理部门的相关文件规定证券发行和交易环节必须有证券律师参与，出具相关法律意见书，做出见证或承诺。1993 年国务院颁布的《股票发行与交易管理暂行条例》明确规定律师出具的法律意见书为股份公司申请公开发行股票的必备文件。此后，证监会对律师出具的法律意见书和工作报告有更详细的格式要求。法律为律师创造了证券业务市场。② 规定在证券首次公开发行、公司上市、上市公司收购、重大资产重组及股权回购等事项中皆需要证券律师出具法律意见书，并且出具法律意见书的证券律师必须保证其出具的相关证明文件的真实性和完整性。③

按照国家监管层的制度设计预期，在对证券发行和交易环节引入律师对上市公司的信息披露做出规制后，应该能够纯化市场环境，确保信息真实和证券市场平稳运行。但是，事与愿违，监管层的良性制度设计未能阻却证券市场中介机构角色冲突问题的发生。在有中介机构参与后本应该运行良好的资本市场依然出现了挥之不去的阴影。违法现象一度

---

① 《中国证券市场写就十年辉煌》，新华社，2000 年 12 月 19 日，转引自吴敬琏《当代中国经济改革教程》，上海远东出版社，2010，第 205 页。

② 彭冰：《证券律师行政责任的实证研究》，《法商研究》2004 年第 6 期。

③ 例如，《中国证券监督管理委员会关于发布〈公开发行股票公司信息披露的内容与格式准则第六号《法律意见书的内容与格式》（修订）〉的通知》（证监法律字〔1992〕2 号）第一部分第 2 条明确规定："法律意见书是发行人向中国证券监督管理委员会申请公开发行股票所必须具备的法定文件之一。"2005 年修订的《证券法》第 20 条第 2 款规定："为证券发行出具有关文件的证券服务机构和人员，必须严格履行法定职责，保证其所出具文件的真实性、准确性和完整性。"

频发，如"琼民源"事件、"中科创业"操纵市场案①、"银广夏"事件等，虚假陈述、内幕交易、庄家操纵等中国法律明文禁止的犯罪活动十分猖獗，甚至明目张胆、肆无忌惮地进行。而一些不法分子利用混乱的市场环境轻易地聚敛巨额财富，却很少受到惩处。投资者利益得不到有效保护，市场配置资金资源的作用得不到发挥。② 在这些虚假陈述等违法案件中，按照《股票发行与交易管理暂行条例》的规定，相关事项必须经过证券律师的法律意见书认可才能进行披露。可见这些违法事件中的虚假信息披露都经过了涉案律师的首肯，也就是说，在这些案件中作为"看门人"存在的证券律师，其角色发生了深刻的变化，导致其突破了应有的确保资本市场信息真实的角色定位，与上市公司合谋造假或者至少是放纵上市公司进行违法行为，成为资本市场信息披露失真的推手，加剧了投资者的损失。

此前监管层在制度设计上更多关注的对象是虚假信息发布最大利益相关者——上市公司，并未对作为中介机构的证券律师设计监管规则，

---

① "琼民源"事件：琼民源，全称海南民源现代农业发展股份有限公司，是1996年中国股市最耀眼的"黑马"，股价全年涨幅为1059%。因被指控财务造假，自1997年3月1日起股票停牌。经查，其1996年所报5.71亿元利润中5.66亿元是虚构，并虚增6.57亿元资本公积金。其控股股东利用虚假信息操纵股价。1998年11月，北京市中级人民法院对其董事长判处有期徒刑3年。1999年7月，中关村科技发展股份有限公司收购琼民源。"中科创业"事件：1998年11月至2001年1月间，吕某与朱某合谋操纵"康达尔"（1999年12月更名为"中科创业"）股价。他们以委托理财的方式融资50亿元，指使他人开设1500多个证券账户，控制了"中科创业"55.36%的流通股，联合进行自买自卖等操纵活动，致使其股价从1998年初的十几元急速拉开，最高至84元，升幅过6倍，轰动一时。2000年底，资金链断裂，股价连续经历10个跌停板，最低至13.01元，损失50亿元市值。普通投资者大受损失。该案2003年4月公开宣判。以上信息参见《财经》杂志编辑部编《黑幕与陷阱》，社会科学文献出版社，2003；中国证券监督管理委员会编《中国资本市场发展报告》，中国金融出版社，2008。

② 吴敬琏：《当代中国经济改革教程》，上海远东出版社，2010，第205页。

第二章　证券市场中介机构角色冲突的历史考察

导致了其角色冲突的发生。因此，在其后规则制定的过程中，监管层开始逐步对证券律师这一行业进行规制。中华全国律师协会于2003年发布的《律师从事证券法律业务规范（试行）》规定了律师在从事相关证券业务时需要遵守诚信原则，不得虚构事实或者帮助委托人虚构事实、协助或诱导委托人弄虚作假，伪造、变造文件资料，更不得为了委托人的利益或自身利益，自己弄虚作假，伪造或变造证明文件。① 这是监管层针对证券律师的角色冲突问题发布的第一个文件，其由律师协会这类行业自治组织发布。此后，2007年中国证监会和司法部联合发布了《律师事务所从事证券法律业务管理办法》，2010年中国证监会、司法部发布了《律师事务所证券法律业务执业规则（试行）》，这些文件都是监管层对于证券律师角色冲突的相关规定，从这些规定的变化中我们能够解读出监管层对于证券律师这一高度专业化的市场中介机构的监管态度由宽松到严格逐渐变化的过程。从规则制定主体来看，最初的《律师从事证券法律业务规范（试行）》是由作为律师职业自治组织的中华全国律师协会发布的，这种规定在性质上多是自愿性、倡议性的或者最多是半强制性的，即使违反也只会受到行业协会的谴责和否定性评价。但是

---

① 《律师从事证券法律业务规范（试行）》第11条规定："律师从事证券法律业务，应当始终坚持诚实守信原则，并应遵守以下要求：1. 不得建议或协助委托人从事违法活动或实施虚构事实的行为，但对于委托人要求解决的法律问题，可以协助委托人进行法律分析并提出合法的解决方案；2. 对于委托人要求提供违反法律法规以及律师职业道德和执业纪律规范的服务，应当拒绝并向委托人说明情况；3. 不得协助或诱导委托人弄虚作假，伪造、变造文件资料，更不得为了委托人的利益或自身利益，自己弄虚作假，伪造或变造证明文件；4. 不得向证券监管机构、证券交易所或其他机构提供律师经合理谨慎判断怀疑是伪造或虚假的文件资料……"第12条规定："律师应当协助或督促委托人履行法定的信息披露义务，信息披露文件应当符合真实、准确、完整的要求，不得协助或支持委托人披露虚假信息或故意隐瞒、遗漏重要信息或作虚假陈述。"

之后发布相关执业规则的主体则是具有行政执法权的司法部和中国证监会，这说明规制文件的效力层级逐渐加强，处罚力度逐渐加大，由此反映出证券律师作为中介机构的角色冲突问题日渐突出的状况逐渐被监管层所重视。从规则的效力演变可以看出，我国监管层对于证券律师角色冲突问题的重视程度是逐渐加大的，这也说明了这一问题愈加严重。

第二节　证券会计师角色冲突的历史考察

与律师职业产生和发展的历史流变有惊人的相似之处，会计师职业的成长和成熟也经过了相当长时间的历史发展。从会计行业诞生之初的角色和功能定位发展到现阶段会计师职业角色的重新定位，整个会计行业在会计师的职业定位、服务对象、价值取向等方面都发生了深刻的转变，其中，会计师的职业定位从单纯的"查账人"发展成为证券市场中具有咨询和审计双重功能的主体，这种职业角色的转变是会计行业发展过程的一个精练总结。也正是这种职业活动的变革和行为价值取向的二元分野造成了会计师尤其是证券行业会计师作为资本市场"看门人"的深刻角色冲突。下文将着力梳理西方社会和我国的会计行业在冲突阶段会计师的职能流变和角色冲突形成的一段简史，以期从历史分析的角度对证券会计师职业角色冲突的形成原因进行精准的把握，为后文解决对策部分的论述提供有力的历史分析支撑。

伴随着资本市场的迅速发展，会计师在公司资本运作中起到的作用愈加重要。原因在于证券市场中存在最为典型的信息不对称问题。上市公司对于自身和关联公司的行动计划或是商业动作具有完全的、先在性信息获知优势，而资本市场的广大投资者在信息披露前对于该信息毫不知晓。这种信息不对称会引发证券市场的风险放大和强化,导致逆向选择、道德风险等问题,从而影响证券市场的正常运行和发展。[①] 财务信息作为公司证券发行时用以判断公司资本结构和资产状况以及盈利情形的基础性数据,是投资者是否选择该公司证券所据以决策的基础信息。按照各国证券法的共通性要求,财务信息披露是在公司发行股票以及从事其他证券活动时的一个强制性披露事项。但是鉴于财务会计信息较强的专业性,未经专门训练、财务知识欠缺的普通投资者很难对信息真伪进行甄别。在这种情况下,具备专业知识和职业技能的证券会计师就是资本市场中必不可少的角色,他们凭借自身的专业素质和技能并以其声誉为经其审计合格的证券提供信息披露质量的担保,确保广大投资者所获知的财务信息的真实性。但是在这种模式下,证券会计师的雇佣主体和服务对象发生了背离。在三方主体关系中,证券会计师受到上市公司的雇佣,按照传统的委托—代理理论其应该对上市公司负责,甚至会选择与其合谋造假(实践中此种情况时有发生)。但是按照证券法的要求,证券会计师要对市场的投资者负责,保障他们的利益,因此就会出现资本市场中惯常发生的证券会计师职业角色冲突问题。这种职业角色的冲突使证券会计师在执业过程中陷入两难境地。本节将重点考察冲突阶段西方社会和我国的证券会计师职业角色流变的过程,进而从源头上对证券会计师职业角色冲突问题进行更为深刻的理解。

一 西方社会证券会计师职业角色冲突的纵向梳理

同证券律师职业角色冲突的发展历程相近,证券会计师职业角色的冲突也是伴随资本市场的发展而逐步产生和发展起来的。只有在资本市

[①] 谭立:《证券信息披露法理论研究》,中国检察出版社,2009,第33页。

场出现后才会产生会计师的雇佣主体和服务对象，即信义义务的指向对象发生分离。复杂的三元主体关系的产生是证券会计师职业角色发生冲突的逻辑起点。鉴于英国是最早完成工业革命的老牌资本主义国家，资本市场最先建立和发展起来，本部分对于证券会计师角色冲突的历史考察以英国会计师职业为观察起点。

从18世纪二三十年代的英国"南海泡沫事件"（south seas bubble）开始，资本主义世界的股票泡沫逐渐增多。在"南海泡沫事件"中，第一次出现聘用第三方会计机构对公司财务信息进行审计活动以监督公司的财务状况的做法。英国于1720年通过了对公司进行严格监管的《泡沫法案》（Bubble Act），该法案的规定对于公司的设立和监管都达到了空前的严格程度。随着经济的发展，英国议会发现此种一网打尽的绝对严格监管所导致的预防成本过高，于是在1825年决定废止《泡沫法案》，放松对于公司事务的监管。但是其后，在19世纪二三十年代，便出现了铁路行业公司股份售卖过程中的财务丑闻。① 该丑闻的结果是促使英国国会认为必须采取某种措施对公司创设和监管加以控制。英国遂于1844年和1845年颁布了《合股公司法》（Joint Stock Companies Act）和《公司条款统一法》（Companies Clauses Consolidation Act）。这两部法案都要求公司必须由股东选出审计人进行年度审计，尤其是《合股公司法》中明确要求被公司选中的审计人要聘请一位专业的会计师来协助

---

① 英国议会于1825年决定废除《泡沫法案》，随着铁路股份越来越多地被出售给公众，19世纪30年代到40年代英国迅速掀起了"铁路狂潮"。然而许多出售失败的案例表明，初始发行时存在欺诈行为或者是不诚信的经理人私吞了大量酬金，导致公司在财务信息方面存在严重的问题。相关信息可参见 John Richard Edwards, "Financial Accounting Practice 1600 – 1970: Continuity and Change," in T. A. Lee, A. Bishop and R. H. Parker, eds., Accounting History from the Renaissance: A Remember of Luca Pacioli, Garland Publishing Inc., 1966, pp. 35, 40。

他的工作，并且由此产生的费用由被审计的公司来负担，同时审计人不能在公司里担任任何职务。这就表明了审计人的独立性是法定要求，同时也明确了审计人的选任方式和费用负担模式——由被审计公司选任并负担费用。审计人的这种职业模式促进了英国会计师职业的发展。

英国是资本主义世界最早通过成文法将审计的独立性和付费模式固定下来的国家。通过法定方式将会计师的这种"看门人"角色固定下来，为会计师职业角色冲突的形成提供了法律环境土壤。

如果说资本主义发展早期资本市场发展的重心在英国，会计师作为职业"看门人"角色冲突最先起源于此，那么伴随市场的发展和经济重心的转移，资本主义世界金融的主战场也完成了从英国到美国的迁移。在美国资本市场的发展阶段尤其是19世纪二三十年代"大萧条"及其后，美国的会计师在证券行业的角色冲突流变能够代表行业的一般情况，故在接下来的论述中重点关注美国证券会计师在资本市场执业过程中的角色冲突问题。在发展初期，美国的证券会计师职业发展速度相对缓慢，直到联邦立法之后，首先是联邦所得税法，之后是联邦证券法[①]，促使会计师职业在美国蓬勃发展起来，原因在于法律中规定了对于会计师职业的硬性需求。例如《1933年证券法》就规定了证券发行人一旦选择公开发行并且决定了所发行证券的类型（债券、优先股或普通股），就应该与其财务顾问协商，确定相关权益和优惠。同时由发行人与其财务顾问、准承销商和律师一起制定出证券发行的基本条款，包括预期价格和发行收益等，全面了解发行人财务关系，综合审查其现金流

---

① 包括《1933年证券法》和《1934年证券交易法》，两部法律中都规定了证券发行及其后续过程中的信息披露需要会计师对上市公司所披露的财务信息出具无保留意见的审计报告，这样就引发了证券领域对具有相关资质的会计师的大量需求，进而推动了会计师职业在美国的发展。

量和资金来源以及上报前90日内的资产负债状况和经过审计的3个财务年度的损益表。① 除联邦证券立法外，各州的蓝天法案中也都有类似的规定。例如《统一法案》规定登记事项必须包含下列披露事项："……9. 对发起人的资本情况的充分描述，以及对过去三年内所有证券发行情况的描述……18. 如果任何会计师、工程师、评估师或其他专家提交了其意见，必须由这些人签名表示同意使用其姓名。"② 类似的规定还大量存在于美国证券其他相关立法中，此处不一一列举。这些规定的一个共同之处在于都要求会计师根据自身的专业知识对公司披露的财务信息进行甄别，目的在于让这些信息的使用者——资本市场广大投资者获取最真实的目标公司财务信息。从美国这一时期的证券立法中已经能够明确地看出国会立法层面对于证券市场广大投资者的保护，通过立法为这些缺乏专业知识的大众选任"看门人"。在这种情况下，作为"看门人"的证券会计师，其服务对象在职业伦理层面和法律规定层面发生了偏差和背离，这必然使其职业角色发生冲突。

在美国证券市场发展早期，证券会计师的职业角色冲突只是停留在初级阶段，还没有达到矛盾激化的程度。只是法律赋予其公共投资者"看门人"的角色，而且证券会计师也只是从事上市公司信息披露的独立审计工作，这种情况下的角色冲突可以界定为"职业角色的客观冲突"，即证券会计师主观上还没有冲突的意愿和动力，只是在依循证券法的要求履职时产生了法律规定和职业伦理的冲突。但是随着资本市场的蓬勃发展以及联邦证券法和税法的逐步修订，复杂的税收和证

---

① 〔美〕托马斯·李·哈森：《证券法》，张学安等译，中国政法大学出版社，2003，第88~90页。
② 〔美〕托马斯·李·哈森：《证券法》，张学安等译，中国政法大学出版社，2003，第325~326页。

券事务让上市公司财务部门应接不暇，加之上市公司自身知识的匮乏，上市公司产生了财务和税务咨询业务的需要。通常情况下，上市公司会选择较大的会计师事务所，将其聘请为该公司的财务顾问，帮助公司进行财务和税务业务的筹划，而此类咨询业务的收费要远高于常规的审计业务。鉴于资本逐利的原始本性，这对大型会计师事务所有较大的吸引力。

20世纪20年代起，会计行业的注意力开始从审计转向税务管理。与税收相关的业务可以获得高额利润，公司管理阶层对成本会计（cost accounting）表现出了较高的兴趣，这也为会计师的咨询业务增加了新的商业契机。

进入20世纪30年代，美国出现了证券市场崩盘和资本市场监管政策的调整，如前文证券律师职业角色冲突部分所述，此一时期证券市场监管变得相对严格，监管层对于中介机构采用了从严治理的模式。但是会计行业还是成功地保留了其行业自治的权利。原因在于对于股市崩盘，公众所指责的目标并不是会计行业，而是华尔街的内部人员对于股票池的操纵行为以及公司高管的卖空行为。[1]

这样，在随后的几十年间会计师职业得到了长足的发展，除了其既有的审计业务，在税务咨询、商业架构设计、财务顾问和管理专家等许多领域都能看到会计师事务所的身影。以全球几大具有代表性的会计师事务所的业绩而言，在2002年美国《萨班斯法案》对会计职业进行拆分之前，人们已经很难从专业服务的特点来描述会计职业。大型会计师事务所已经成长为各类专业组织中的"巨人"，其本身就像规模庞大的

---

[1] 〔美〕约翰·C. 科菲：《看门人机制：市场中介与公司治理》，黄辉、王长河等译，北京大学出版社，2011，第146~147页。

跨国公司。① 到 2000 年，全球最大的普华永道、安永、德勤、毕马威和安达信②会计师事务所都已经转向超级商业服务模式，即一家会计师事务所可以根据客户需求同时提供与整个资本运作相关的融资计划、管理咨询、税收筹划、财务审计等服务，这标志着此类大型会计师事务所已经完成自身的角色转型——从单纯从事审计业务到以从事咨询业务为主的职业服务者。③ 与此同时，业务转型的一个重要结果就是公司在除审计业务之外的咨询、筹划类业务中获得的收入占总收入的比重逐年上升。这也为会计师"职业角色主观冲突"的形成奠定了基础。所谓"职业角色主观冲突"，是指会计师基于理性经济人自利的行为本性，为了取得其雇佣方——上市公司对于自己在咨询业务上的聘任而选择与上市公司合谋进行财务信息造假。更有甚者，会计师事务所会持有上市公司的股份，这种连带利益关系必将影响其审计的独立性，加剧其"职业角色主观冲突"。例如 SEC 在其发布的一项调查报告中指出，普华永道会计师事务所违反禁止性规定持有其审计客户股票的案例多达 8000 起，这个数量多得令人吃惊。43 名顶级合伙人中，有 31 名被发现持有审计客户的股份。④ 普华永道的情况绝非个案，随后安永会计师事务所也发生了类似的问题。在很长一段时间内，四大会计师事务所还向其审计客户推销大规模、高风险的避税方法。从职业范围而言，审计人与其

---

① 例如早在 1989 年，永道（现并入普华永道）一家会计师事务所的收入就比整个英格兰律师公会所有律师总收入还要高。参见 Yves Dezalay, "Territorial Battles and Tribal Dispute," *Modern Law Review* 54 (1991): 792, 转引自刘燕《会计师民事责任研究：公众利益与职业利益的平衡》，北京大学出版社，2004，第 33 页。

② 该所后在安然财务丑闻中与安然公司合谋，最终导致自身破产。

③ 参见刘燕《会计师民事责任研究：公众利益与职业利益的平衡》，北京大学出版社，2004，第 33 页。

④ Jerry W. Markham, *A Financial History of the United States: From the Age of Derivatives into the New Millennium (1970–2001)*, M. E. Sharpe, Inc., 2002, p. 257.

客户进行生意合作的这种模式比单纯提供咨询服务更加令人不安，这必然会导致审计行业独立性的丧失，也会加剧会计师事务所和其客户的合谋造假行为，亦即会计师职业角色冲突。

在安然公司财务丑闻案件发生后，美国国会迅速出台《萨班斯法案》。这一法案的出台对于解决会计行业的危机和资本市场财务合谋造假问题起到了一定作用。该法案被认为是美国自20世纪30年代以来对上市公司和证券会计师影响最大、最重要的证券立法。① 该法案中为解决会计师职业角色冲突问题提出的最为有效的策略便是加强审计独立性和审计师的业务禁止内容。其中规定执行任何发行证券公司任何审计业务的证券会计师在执行审计业务的同时，为其提供如下非审计业务的行为是非法的：与该被审计客户的会计记录或财务报表有关的记账或其他服务、精算服务、评估或估值服务、出具公允价值意见书或实物出资报告书、与审计无关的法律服务或专家服务。这就能够在一定程度上解决会计师职业角色冲突的问题。至此，我们能够清楚地看到冲突时代西方社会证券会计师职业角色冲突形成与发展的历史流变。

二　中国的证券会计师职业角色冲突的历时检视

同证券律师在我国的角色冲突生成路径具有高度的相似性，作为证券市场中介机构的另一支重要力量，证券会计师的角色冲突问题也发端于我国证券市场形成之后。在我国证券市场形成之前的阶段，不存在上市公司、会计师事务所和投资者这种三方主体交易结构，此时证券会计师的角色冲突问题也就无从谈起。在建立起证券市场之后，缺乏专业知识和相关投资能力的投资者就需要依靠经过证券会计师鉴别和纯化的上

---

① 张路编译《美国上市公司最新立法与内部控制实务》，法律出版社，2006，第3页。

市公司信息来进行投资决策和行为选择。在这种情况下，就不可避免地出现了西方社会早已发生的证券会计师放任上市公司进行虚假信息披露，甚至与其合谋进行虚假信息披露损害广大投资者利益的现象。前文所提到的 1990～1999 年这段时间内上海股市的 402 个交易周中的非正常波动，以及轰动一时的"琼民源"、"银广夏"和"中科创业"案件的发生都涉及财务信息不真实、虚假信息披露等问题。而关键性问题在于这些不真实的财务信息必须按照证券交易规则经过证券会计师出具无保留意见的审计报告才能够公之于众，供广大投资者作为投资决策的参考。因此能够推知，作为证券市场中介机构组织的会计师事务所，在对内幕完全知情的情况下，放任或者合谋参与了上市公司的虚假信息披露行为。这些行为选择都是证券会计师的双重角色冲突所导致的。

面对证券会计师的角色冲突所导致的对于证券市场投资者的侵权责任问题，监管层逐步出台一系列措施进行有效化解。1993 年，国务院颁布的《股票发行与交易管理暂行条例》在规定证券律师出具法律意见书的同时，也要求证券会计师出具审计报告作为股份公司公开申请发行股票的必备条件之一。在此之后，证监会作为证券行业主管部门，对于证券会计师出具审计报告的详细格式和内容亦做出了更为细化的要求。这是证券市场发展早期监管层对于证券会计师的一般性规定。彼时监管层还没有意识到证券会计师的角色冲突问题，并且相信经过证券会计师的独立审计，上市公司所披露信息的真实性应该有所保证。

伴随着如"琼民源"、"银广夏"和"中科创业"等上市公司违法案件的发生，监管层开始注意到需要对具有二重角色冲突问题的证券会计师予以规制。因此，在立法层面，1997 年《刑法》和 1998 年《证券法》对于作为中介机构的证券会计师的行为做出了相应的规制。1997

年《刑法》第181条规定了对编造且传播虚假信息，扰乱证券市场交易秩序，造成严重后果的行为主体，处以有期徒刑或拘役，并处或单处罚金，同时规定了对单位犯罪的处罚。1998年《证券法》在其第161条、第181条和第189条分别规定了不同情形下证券市场中介机构的行政法律责任和刑事法律责任。① 通过这些规定我们不难看出，当时对于证券会计师的责任规定集中在行政责任和刑事责任，而较少规定民事责任，说明在当时的立法中，更多强调的是政府干预市场经济，重视解决问题的公法思路而忽视了化解问题的私法通道。因此，检视当时的相关法条，不难发现，对于证券会计师的行政责任和刑事责任的规定大多都比较详细，具备一定的可操作性，但是与之形成明显对照的是，关于证券会计师对于证券市场投资者的民事侵权责任的规定较为模糊，如1998年《证券法》第161条做出的规定。② 另外，1996年，最高人民法院针对四川省高级人民法院审理的四川德阳市会计师事务所为德阳市东方企业贸易公司出具虚假验资证明一案发布了《关于会计师事务所为企业出具虚假验资证明应如何处理的复函》（法函〔1996〕56号），其中规定，注册会计师出具虚假验资报告的，应当对客户经营活动产生的法律后果承担赔偿责任。此后，最高人民法院针对山东省高级人民法院鲁法经〔1997〕78号业务请示，于1998年发布了《关于会计师事务所为企

---

① 1998年发布的《证券法》中关于证券会计师等证券市场中介机构的责任规定在该法的第161条、第181条、第189条，分别从证券交易所、证券登记结算机构从业人员提供虚假信息的处罚角度，编造虚假信息扰乱证券市场的角度以及证券市场中介机构出具法律意见书和审计报告不实所承担责任角度对这一问题予以规定。

② 对证券会计师的民事责任问题仅在第161条制定了相对简略的规则条款。参见1998年《证券法》第161条："为证券的发行、上市或者证券交易活动出具审计报告、资产评估报告或者法律意见书等文件的专业机构和人员，必须按照执业规则规定的工作程序出具报告，对其所出具报告内容的真实性、准确性和完整性进行核查和验证，并就其负有责任的部分承担连带责任。"

业出具虚假验资证明应如何承担责任问题的批复》（法释〔1998〕13号），明确了会计师事务所与案件的合同当事人虽然没有直接的法律关系，但鉴于其出具虚假验资证明的行为损害了当事人的合法权益，在民事责任的承担上，应当先由债务人负责清偿，不足部分，由会计师事务所在其证明金额的范围内承担赔偿责任。

对于会计师事务所对资本市场投资者的侵权行为，尤其是以虚假陈述为其违法手段的侵权行为问题法律上的空白，虽然最高人民法院通过发布司法解释的方式在一定程度上予以了填补，但是对于虚假陈述的行为构成标准这一定性的关键性问题并没有给出说明，使得相关批复在司法实践中的可操作性不强，无法得到实际应用。这个技术上的缺陷造成的一个最为直接的后果是，本来对证券专业知识和技能就相对缺乏的司法机关，面对专业和复杂的证券民事侵权案件，出现无法裁判的情形，最终造成了虚假陈述类民事案件长期被排除在法院受案范围之外的尴尬局面。在此一时期，作为证券行业监管部门的中国证监会对违法会计师事务所和会计师的行政处罚成为解决由证券会计师角色冲突造成的证券民事侵权问题的主要手段。

伴随我国证券市场的逐步发展，以及证券会计师通过放任或与上市公司合谋的方式用虚假陈述等手段对投资者实施的侵权行为日益增多，2002年，最高人民法院发布了《关于受理证券市场因虚假陈述引发的民事侵权纠纷案件有关问题的通知》。该通知最具特色之处在于其第2条规定的证券虚假陈述类案件的受案前置条件："人民法院受理的虚假陈述民事赔偿案件，其虚假陈述行为，须经中国证券监督管理委员会及其派出机构调查并作出生效处罚决定。当事人依据查处结果作为提起民事诉讼事实依据的，人民法院方予依法受理。"虽然该规定要求法院对于证券虚假陈述案件的受理要以中国证监会的行政处理为先决条件，但是这毕竟对此类型诉讼敞开了大门，给证券会计师等中介机构的民事责任追究打通了司法的进路，是我国证券案件审判的一座里程碑。在此之后，最高人民法院于 2003 年出台了《关于审理证券市场因虚假陈述引发的民事赔偿案件的若干规定》（法释〔2003〕2 号），该司法解释可以视作对前述通知的一个补充性规定，补充了前述通知中没有的对于虚假陈述行为的具体认定标准①，对于虚假陈述行为的构成要件和侵权行为受害者的损失计算方法等关键性问题都给出了相应的标准。这对于投资者采用侵权诉讼的手段追究证券会计师的侵权责任提供了一个制度性基础。

在前述几个最高人民法院关于证券会计师因角色冲突导致的责任认定和解决的司法解释的基础上，全国人大常委会于 2005 年启动了备受关注的《证券法》的全面修订工作。该轮修订针对证券市场运行中出现的各种新问题、新情况做了相关修订，尤其值得一提的是该轮修订过程中涉及的会计师等中介机构因虚假陈述等行为引发的对投资者侵权责任的归责原则问题。在以往的规定中，无论是《证券法》抑或是司法解释都并未明确归责原则，导致审判过程中法官难以把握一个确定的标准，自由裁量的余地较大，造成判决尺度不统一、同案不同判的混乱局面。2005 年修订的《证券法》第 173 条明确规定了对证券会计师、证券律师等证券市场中介机构因虚假陈述所致的侵权责任施行过错推定原则②，通过法律修改的形式明确归责原则问题，对此类中介机构民事侵

---

① 关于证券虚假陈述认定标准和投资者损失的具体认定标准与方法的规定在该文件的第 17 条、第 29 条以及第 30 条。

② 2005 年修订的《证券法》第 173 条对于会计师等证券市场中介机构虚假陈述行为的相关规定如下："证券服务机构为证券的发行、上市、交易等证券业务活动制作、出具审计报告、资产评估报告、财务顾问报告、资信评级报告或者法律意见书等文件，应当勤勉尽责，对所依据的文件资料内容的真实性、准确性、完整性进行核查和验证。其制作、出具的文件有虚假记载、误导性陈述或者重大遗漏，给他人造成损失的，应当与发行人、上市公司承担连带赔偿责任，但是能够证明自己没有过错的除外。"

权问题的解决无疑具有重大意义。紧随其后，最高人民法院针对注册会计师在审计业务中出具虚假审计报告和相关财务数据的违法行为出台了《关于审理涉及会计师事务所在审计业务活动中民事侵权赔偿案件的若干规定》（法释〔2007〕12号），明确了注册会计师承担侵权责任的构成要件、归责原则、免责事由和适用范围等问题。如果说前述相关规定是针对证券律师和证券会计师以及其他全部证券市场中介机构而言，那么法释〔2007〕12号文件则是专门针对证券会计师虚假陈述等侵权行为出台的规定，具备相当的典型性。同监管层对于证券律师角色冲突规制的态度变化具有高度相似性，法律法规及其他相关的规范性文件对于证券会计师的角色冲突抗制的方式和手段亦有一个由宽及严的流变过程。这体现于相关规定的位阶逐渐提高，由证监会部门规章到最高人民法院司法解释再到《证券法》这样一个发展过程。此外，这些规定对于证券会计师违法行为认定的构成要件和归责原则以及损失界定的规定也经历了一个逐渐清晰的过程，说明立法层面和监管层面对这一问题的认识是逐渐深入的，亦折射出该问题的严重程度呈现逐渐加深的趋势。

第三节 共性问题的梳理

在学术研究领域，研究方法的选取至关重要。恰当的研究方法对于学术研究的展开——论点的支撑、论证的深入以及研究结论的证成都起到举足轻重的作用。作为法学纵向研究方法的历史研究法，是关于法律的过往意义特征的一种解释性叙事，亦是一种关于法律及其内在的精神过程的历史认知①，通过对大量史料的运用、分析和比较，得出确定的研究结论，能够有效促进研究在现阶段的深入拓展。

本章作为全书对论题的历史考察，通过分析相关法律文本，对西方和中国的证券律师与证券会计师职业角色冲突的历史流变进行纵向考察。通过这种历史考察，笔者发现虽然西方社会与中国的证券市场发展阶段和发展方式不同，且分属不同行业的证券律师和证券会计师职业的内容和形式也不同，但是证券律师和证券会计师作为证券市场中介机构，其发生职业角色冲突的原因和抗制路径有高度的相似性与共通性。这些相似性与共通性便是进行历史考察所要得出的结论，而该结论恰恰能够成为开启证券市场中介机构角色冲突抗制路径的钥匙，为本书所提出问题的最终解决提供纵向历史维度的参考和借鉴。通过以上分析，不难发现证券律师和证券会计师职业角色冲突方面共性的问题可以归纳为以下三点：第一，职业角色冲突的起因都是理性经济人的自利性行为选择；第二，资本市场中的行政监管对于角色冲突的抗制不可或缺；第三，作为司法手段的侵权之诉在解决中介机构角色冲突问题上必不可少。有鉴于此，在本节，笔者将从中介机构角色冲突成因、行政监管手段和司法诉讼手段这三个层面对证券市场中介机构角色冲突的共性问题进行梳理。

一　中介机构角色冲突的根本原因：理性自利的行为选择

通过对西方社会和我国的证券市场中介机构执业情况的历史流变进行考察不难发现，出现角色冲突的深层次原因在于作为理性经济人的中介机构，在做出行为选择时，通常会基于自身利益最大化的考量，通过

---

① 许章润：《法学历史主义论纲：命题、理论与抱负》，《中外法学》2013年第5期。

精确的比较、衡量后，选择对自己最有利的行为方式。这种在资本市场上执业时的角色冲突往往能给中介机构带来丰厚的利益。

在对证券市场中介机构执业情况进行历史考察后我们发现，无论是西方社会抑或是中国，证券市场中介机构的角色冲突都发生在资本市场生成后，是在形成上市公司、中介机构组织和投资者三方主体关系基础上才出现的：中介机构组织与上市公司之间的雇佣关系，形成了冲突本体的契约法面向；中介机构组织与投资者之间的服务关系，形成了冲突本体的侵权法面向。在这组关系中，作为中介机构的证券会计师与证券律师的二元角色担当是冲突形成的基础，而冲突本体的契约法面向与侵权法面向又分别构成了这一角色冲突存在的资本逻辑和义务逻辑。同一主体背后两种行动逻辑的激烈交锋也正是中介机构角色冲突得以存在的深层基础。尤其是在资本市场中，上市公司对于法律强制要求的审核服务之外的咨询服务需求的出现，更是在某种程度上促进了中介机构角色冲突的出现。精于理性行为分析和决策的中介机构在自身利益最大化行动逻辑的指引下，为了争取到更多利润丰厚的咨询业务，便选择与上市公司合谋，通过对虚假信息披露的放任以及推波助澜的行为取悦上市公司管理层。如果说，在审核业务中，中介机构还能在一定程度上恪守行为底线，那么在争取上市公司咨询业务的过程中，中介机构的角色冲突问题便凸显出来。因此，在对证券市场中介机构角色冲突设计抗制进路时，需要充分尊重中介机构个体理性行为选择，秉持进化论理性主义的制度进路来解决其角色冲突问题。

二 中介机构角色冲突抗制的宏观路径：行政监管的介入

无论是中国证监会对我国证券市场中介机构的监管，还是 SEC 对美国资本市场的管控，都表征着国家公权力对资本市场的干预态度，属

第二章 证券市场中介机构角色冲突的历史考察

于国家宏观调控的范畴。从前文对冲突阶段西方社会证券律师和证券会计师角色冲突的历史考察来看，在经济发展的不同时期，国家对于证券市场中介机构的宏观监管态度亦有所不同。检视历史可以发现，在美国大萧条时期、经济"滞涨"阶段以及21世纪初期，由于经济发展形势完全不同，作为美国证券监管部门的SEC对于中介机构的监管态度也存在差异，呈现由宽松到严格的演变过程，这表明行政监管的程度和力度与国家经济发展所处阶段和具体情况密切相关。

缘何本应遵循私法自治治理进路的证券市场中介机构服务行为需要如此大费周章地动用代表"国家之手"的行政力量对其进行调控呢？检视美国和我国对于中介机构的行政监管的历史可以发现，金融经济不同于实体经济，其所具备的一个显著的特点是风险的系统性、传导性和乘数效应。无论是美国安然事件时代存在的中介机构与上市公司合谋造假现象，还是我国证券市场中如"银广夏"们和"万福生科"们的资本市场无序行为，都会导致证券市场不健康发展，并且其损失是投资者所不能承受的。也就是说，证券市场一旦发生问题，则其危害性会相当之大，其所引发的风险对于社会经济发展的负面效应也相当之大。因此，为了避免某些惯常性、规模化的共性风险发生，需要监管者通过行政的手段对证券市场中介机构角色冲突问题予以规制。通过本部分中介机构角色冲突历史的研究，我们能够得到一个确定的结论，即在证券市场中介机构角色冲突治理问题上需要行政监管力量的介入，以克服资本市场固有的缺陷。《萨班斯法案》的成功运行很好地证明了行政监管的力量。行政监管介入模式也说明，在中介机构角色冲突的前端对其进行治理，能够将冲突出现的可能性降到最低，这为本书第五章抗制路径中的行政监管路径提供了合理性。

三 中介机构角色冲突抗制的微观路径：司法诉讼的运行

本就以私法问题形式出现的证券市场中介机构角色冲突现象，虽然在行政监管路径下得到了较好的抑制，但是行政权存在异化的可能，只能作为解决问题的手段之一。回归进化论理性主义的制度进路，民事诉讼的司法解决通道应该是解决证券律师和证券会计师角色冲突问题的共同路径。在前文中已经述及，美国《1933 年证券法》和《1934 年证券交易法》都规定了如何对违反法律规定的中介机构提起民事诉讼，以及损害赔偿责任问题。同样，我国《证券法》以及最高人民法院的相关司法解释也对如何通过民事诉讼的司法手段解决中介机构角色冲突问题进行了相关的规定。

民事诉讼作为市场经济条件下解决私人纠纷的一个常态化技术手段，其存在的价值在于在最大程度上尊重市场参与主体的意思自治。在解决证券市场中介机构角色冲突问题上，民事诉讼的侵权责任追究功能可以倒逼中介机构放弃与上市公司合谋造假的行为，进而阻却角色冲突情形的发生。如果说行政监管路径是通过主管机关发布监管规则对资本市场中某类共性违法行为进行管控，那么民事诉讼则是通过对各具特色的不同类型案件进行居中裁判，以个案正义抗制中介机构的角色冲突。二者各有不同的侧重点：行政监管更多关注事前管控，通过相关监管规则的发布将中介机构角色冲突阻却在发生之前；而民事诉讼则更多关注事后追责，通过侵权责任的配置补偿因中介机构角色冲突问题而受到损害的受害者。同时，通过责任承担的方式震慑中介机构群体中的潜在违法者，进而阻却其角色冲突情形的发生。从法史论层面而言，中介机构角色冲突规制的办法中，民事诉讼的做法在资本市场法治化程度较高的美国较为普遍，并且在美国的做法中，诉讼原告的资格、损害赔偿的计算方法、集团诉讼的提起等在成文法中难以准确规定的问题,在美国判例法中都能够找到相应确定的规则。因此,前文中对于中介机构角色冲突司法解决路径的比较分析和历史分析,在以上方面能够为我国证券市场中介机构角色冲突的民事诉讼解决路径提供强有力的比较法支撑,对证券市场发展必将有所助益。

第三章 证券市场中介机构角色冲突的法律关系基础

欲对某一事物、现象或行为进行监管或规制,必先对其内部结构有深入的理解。将研究对象分解为构成该研究对象整体的各个内部亚利益群体,再进行个体主义范式的研究,将更有助于理解研究对象呈现出的运行态势和行为特征。证券市场中介机构在资本市场从业过程中的角色冲突作为本书研究对象的整体,其内部涉及中介机构组织、上市公司、投资者三方主体的互动关系,同时中介机构组织内部各个从业者之间也存在利益的背离和博弈。在此种复杂的内部结构中,以中介机构为核心可以识别出三组关系,即中介机构与上市公司之间的合同关系、中介机构与投资者之间的侵权关系以及中介机构内部的协同共谋关系。本章将分别对此三组关系进行深刻解构,从关系的形成、运行和结果等方面分别探讨,力图使证券市场中介机构角色冲突的法律关系明朗化,以期对该问题进行有效解决,进而更好地保护在资本市场中处于弱势地位的广大投资者的利益,为资本市场健康有序发展保驾护航。

第一节　证券市场中介机构与上市公司之间的法律关系：合同关系视角

本节将关注证券市场中介机构与上市公司之间的法律关系。从资本市场业务实践的角度看，无论是审核业务还是咨询业务，合同双方主体均为上市公司与中介机构组织。而证券律师与证券会计师等中介机构作为律师事务所与会计师事务所等中介机构组织的代表，其执业行为的效果按照代表行为的法理应当归属于中介机构组织。中介机构执业行为所需遵循的义务也必须在其所属的中介机构组织的整体义务框架之下。因此，本部分将通过关注中介机构组织与上市公司之间委托合同的方式，来探寻证券市场中介机构与上市公司之间的法律关系及其义务遵循。作为证券市场中介机构组织的雇佣者，上市公司与中介机构组织形成的法律关系是构成其他市场主体之间关系的基础，因此将其放在本章第一节加以论述。本节将从中介机构组织与上市公司之间合同关系的识别以及合同的订立、内容与形式、履行和解除等方面，对二者之间的关系进行全面考察，同时按照契约伦理的要求对中介机构的角色冲突进行审视。

一　中介机构组织与上市公司之间合同关系的识别

按照《证券法》第12条规定[①]，上市公司在发行股票时，必须要提供由证券会计师和证券律师出具的审计报告和法律意见书，上市公司

[①] 《证券法》第12条规定："公司首次公开发行新股，应当符合下列条件：……（三）最近三年财务会计报告被出具无保留意见审计报告……"

欲发行证券就必须到市场中寻求具备相应资质的证券会计师和证券律师为其服务，这一过程形成了中介机构组织和上市公司二者之间的关系。那么二者的这种业务上的交往转化到法律的世界中，应当如何界定其关系呢？笔者认为，证券市场中介机构组织和上市公司之间的关系应被识别为合同关系，且应该是委托合同的关系。那么接下来就应该对合同关系的本体进行考察，只有在对合同的本体有清晰认识的基础上，才能够准确地识别证券市场中介机构组织和上市公司之间的合同关系。

研究中介机构组织与上市公司之间合同关系的前提条件是对合同问题本身有准确理解。应当说，任何概念都很难是唯一的。美国著名学者科宾指出，有一种非常普遍的错误假设，即认为法律术语（例如合同）一定有一个绝对正确和永远正确的定义。而事实上，所有这样的术语都有许多种用法，每一个人都可以从中选择。应当看到，没有一个定义可能是独一无二的"正确"的，这是一个用法和便利的问题。① 在大陆法系国家，民法的制度大都肇始于古代罗马法，合同制度亦不例外。按照古代罗马法，合同是指"得到法律承认的债的协议"。② 集罗马法合同制度之大成的《法国民法典》所规定的合同定义更为强调双方主体的合意性，认为双方合意才是合同成立的基础，属于合同研究的主观主义方法。《德国民法典》则将合同规定于法律行为部分，认为合同是法律行为的一种，将其放在总则第三章第三节之中。德国的立法者认为把合同法规定为一个独立的部分是不必要的，在《德国民法典》总则编，合同只表现为"法律行为"的一种类型；而在第二编中，合同仅仅被

---

① 〔美〕A. L. 科宾：《科宾论合同》，王卫国等译，中国大百科全书出版社，1997，第8～9页。
② 〔意〕彼德罗·彭梵得：《罗马法教科书》，黄风译，中国政法大学出版社，1992，第307页。

当作"债的关系"的个别形式。①

因此,《德国民法典》将合同定义为民事主体之间以设立、变更或消灭债权债务为目的的双方法律行为。至于合同中双方合意的因素可以通过法律行为来体现,因为法律行为是合意的上位概念,因此,合同研究的客观主义方法将合意归于法律行为部分更加符合逻辑。而英美法系研究合同法的方法更多注重的是对价和允诺的因素。按照英国著名合同法学者 P. S. 阿狄亚的观点,合同是这样一个或者一系列许诺:法律对于合同的不履行给予救济或者在一定意义上承认合同的履行是义务。②在对世界主流法系及其代表性国家与地区的合同法进行考察后,鉴于我国合同法的立法模式与大陆法系国家德国的合同法立法模式有深刻的同源性和高度的相似性③,本书在未加特殊说明的情况下,使用的均是《德国民法典》中关于合同的概念。

在厘清合同自身概念以及本书对于合同概念的使用范围后,接下来对中介机构组织和上市公司之间的合同关系进行识别。美国《1933 年证券法》《1934 年证券交易法》以及我国《证券法》都明确规定了上市公司在资本市场中的信息披露义务。披露出的信息才是广大投资者据以参考并做出投资决策的有效依据。广大投资者由于财务和法律专业技能的欠缺和不足,无法辨明披露信息的真伪,需要中介机构利用专业鉴别力为其纯化资本市场的信息。因此法律规定上市公司在信息披露过程中必须有证券律师和证券会计师对其披露的业务信息和财务信息出具法

---

① 〔德〕康拉德·茨威格特、海因·克茨:《合同法中的自由与限制》,孙宪忠译,载梁慧星主编《民商法论丛》(第 9 卷),法律出版社,1998,第 349 页。
② 〔英〕P. S. 阿狄亚:《合同法导论》,赵旭东等译,法律出版社,2002,第 28 页。
③ 我国合同法立法模式与德国有高度的相似性。《民法典》第 464 条明确规定:"合同是民事主体之间设立、变更、终止民事法律关系的协议。"婚姻、收养、监护等有关身份关系的协议,不是我国合同法上所讲的合同。

律意见书和审计报告。这就使得上市公司不得不到市场上雇佣作为中介机构组织的律师事务所和会计师事务所为其服务。证券市场中介机构组织作为理性经济人,其行为的目的就是自身利益最大化,且这一群体以在资本市场中提供服务业务为业。因此,其对于上市公司的雇佣具有极大的接受意愿。这样,在双方互相有需求于对方的基础上,订立合同的合意便产生了,并且通过雇佣合同的签订满足了合同产生的外在形式条件,因此在这种情况下合同的内在真实合意与外在法律形式便都齐备,此时中介机构组织与上市公司之间的合同关系便真正形成。

二 中介机构组织与上市公司之间合同的订立

合同订立,是指缔约当事人通过意思表示达成合意的状态。它描述的是缔约各方自接触、洽商直到达成合意的过程,是动态行为和静态协议的统一体。该动态行为包括缔约各方的接触和洽商,达成协议的整个讨价还价过程均属动态行为阶段。此阶段由要约邀请、要约、反要约诸制度规范和约束,产生先合同义务及缔约过失责任。[①] 合同的订立是交易行为的法律运作,如果没有合同的订立,就不会有交易,也不会有合同的存在,只有通过合同的订立才能够将处于悬置状态的各方主体法律地位和复杂的关系固定下来,同时明确各方在交易过程中的权利和义务,开启后续的合同履行或合同解除及责任承担等相关问题。因此合同订立对于整个交易事业意义非凡,它是固定整个交易各方法律关系的基础和前提。

在资本市场中,按照证券法的要求,中介机构组织为上市公司提供相关专业服务时涉及双方主体之间的合同签订。按照合同类型来划分,

---

① 崔建远主编《合同法》(第5版),法律出版社,2010,第40页。

第三章 证券市场中介机构角色冲突的法律关系基础

上市公司与中介机构组织签订的合同应该是委托合同,即上市公司委托律师事务所和会计师事务所按照证券法和相关证券监管规则的要求提供相应的合规服务,至于委托合同的具体内容,将在后文关于中介机构组织与上市公司合同内容的部分进行论述。以公司上市发行股票时所需要的审计服务为例[①],实践中通常的运作模式为,上市公司向会计师服务市场发出要约邀请,表明该公司有审计业务的需求,并在若干家前来参与投标的会计师事务所中选定目标会计师事务所。经过一系列要约、承诺的过程,最终签订涉及彼此权利义务的约定,至此双方之间的合同成立。一般而言,合同自成立之日起即对行为人具有法律约束力,双方当事人均不能撤回或者撤销其意思表示。证券市场中介机构组织与上市公司之间的这种委托合同是一种非附条件和非附期限的合同,也就是说,合同从成立时便开始生效,对双方当事人具备同等的约束力,任何一方违约都需要承担相应的违约责任。

通常证券市场中介机构组织与上市公司签订的合同可以分为两种类型,第一种是按照法律要求,上市公司必须聘请中介机构组织,并委托其出具法定相关材料(法律意见书和审计报告)的审核类合同,第二种是非按照法律强制性要求而是上市公司出于自身利益需要而聘请中介机构组织所签订的咨询类合同。咨询类合同的订立恰恰是中介机构在资本市场从业过程中产生角色冲突的原因所在。因此上市公司聘请中介机构组织进行咨询服务的咨询类合同更值得我们关注。此类合同对于中介机构组织往往具有更大的吸引力,因为咨询类合同会为中介机构组织提供更加丰厚的报酬。上市公司对此类合同的缔约方选择一般会倾向于为

[①] 《证券法》第12条规定:"公司首次公开发行新股,应当符合下列条件:……(三)最近三年财务会计报告被出具无保留意见审计报告……"

该公司提供法定审核业务的律师事务所和会计师事务所。原因在于负责公司的财务审计和法律事务的中介机构对于公司的运营情况更加了解和熟悉，同时与渴望提升公司业绩的管理层关系更加密切，公司管理层更加容易实现对其控制。中介机构组织为了得到与上市公司订立咨询类合同的机会往往也更为积极、主动地与上市公司及其管理层配合，帮助公司做好业务合规工作，使其符合证券法和监管机构的要求。在某些极端情况下，为了得到订立咨询类合同的机会，中介机构会不惜牺牲自身的"声誉资本"与上市公司合谋，发布虚假审计报告与法律意见书，直接侵害证券市场投资者的利益。在审核类合同的订立阶段，中介机构往往就会表现出极大的积极性来促成咨询类合同的签订，而咨询类合同的订立也恰恰为中介机构的角色冲突埋下了极大的隐患。

三　中介机构组织与上市公司之间合同的内容与形式

中介机构组织与上市公司签订的两种类型的合同——审核类合同与咨询类合同，都涉及合同内容与形式的问题。合同内容主要涉及双方之间合同的条款问题，包括必要条款（也称"主要条款"）和非必要条款两类，以及合同的权利与义务问题。而合同的形式主要是指合同的签订方式，亦即当事人合意的表现方式。

（一）合同的内容

合同内容主要表现为双方所签订的合同中的各类条款，它们是合同条件的表征和实在化，并且成为确定合同双方主体之间权利义务关系的根据。所以准确理解条款含义有十分重要的意义，以下论述中介机构组织与上市公司之间合同的主要条款。

为了规范合同，使其内容完善化，《民法典》第470条规定了相关提示性条款，对缔约人进行提示，下择其中的主要条款论之。

a. 当事人的姓名或者名称和住所。该条款提示在合同最初始部分要写明上市公司和中介机构组织的名称和处所。因为合同双方当事人是合同权利、义务的承受者和实际履行者，所以在双方签订合同时，必须将当事人的姓名或名称和住所清楚列明。

b. 标的。标的亦即合同权利、义务所指向的对象。合同不规定标的就会失去其签订目的，失去合同履行的意义。中介机构组织与上市公司之间的此类委托合同的标的，一般为中介机构按照证券法和证监会的相关要求，对上市公司的业务和财务信息进行审核并出具相关报告。对于咨询类合同而言，合同标的是中介机构对上市公司提供的财务、税务、商业和法律等领域的咨询服务。

c. 价款或者报酬。价款是雇佣方取得标的物所应当支付的代价，报酬是雇佣方获得服务所应支付的代价。[①] 对于中介机构为上市公司提供的审核类服务，上市公司作为雇佣方应当按照市场价格给予中介机构与其劳动付出相匹配的价款或者报酬。咨询类合同中，上市公司通常需要中介机构为其提供咨询建议，这些建议包括合理避税等行走在法律边缘的规避行为。有时上市公司作为雇主甚至会要求中介机构与其合谋造假。因此，这种情况下咨询类合同就会发生性质的变化，而合同中标注的价款通常也会比较高，甚至数倍于市场同类服务产品价格。

d. 违约责任。作为提示性合同条款，违约责任一项至关重要。违约责任是促使当事人履行义务，使守约方免受损失的法律措施，对当事人利益关系重大，必须在合同中予以明确。此类违约责任在上市公司与中介机构组织签订的审核类合同中尤为重要。通常在合同的违约条款中

---

① 崔建远主编《合同法》（第5版），法律出版社，2010，第81页。

都会约定，如果上市公司提供虚假业务和财务数据，将会被视为违约且须承担相应责任。

合同主要条款是合同必备的条款，如果欠缺，其结果就是合同无法成立。合同主要条款可能是由法律规定的或是由合同性质决定的，还有可能是双方当事人合意约定的。按照这一标准，中介机构组织与上市公司签订的无论是审核类合同还是咨询类合同，其中标的条款和当事人条款都应该被识别为此类合同的主要条款。当事人条款记载了中介机构组织与上市公司作为合同订立双方当事人的自然情况，而标的条款清晰地记载了合同双方当事人须履行的义务，即中介机构应该为上市公司提供怎样的服务，上市公司作为雇主应该以何种价格支付中介机构价款或报酬，这些都是审核类合同与咨询类合同最为核心的条款。

（二）合同的形式

合同的形式，又称合同方式，是合同当事双方合意的表现形式，是合同内容的外部表征，是合同的载体。从历史的维度来看，合同法的关注重点经历了一个从"实质"到"形式"的发展过程。自罗马法以后，法律后果产生于形式化的行为，人们必须严格遵守形式，因为人们认为形式是形成法律约束力的真正原因。[①] 对于任何种类的合同而言，适当的合同形式对于整个合同都具有举足轻重的地位。

中介机构组织与上市公司签订的无论是审核类合同还是咨询类合同，法律都没有强制要求必须签订书面合同。但是基于以下两点原因，中介机构组织与上市公司之间的此类合同都会采用书面形式。其

[①] 〔德〕海因·克茨：《欧洲合同法》，周忠海等译，法律出版社，2001，第113页，转引自李永军《合同法》，法律出版社，2004，第203页。

一，对于审核服务合同而言，按照证券法和证监会的要求，聘请中介机构对上市公司业务和财务信息进行审核是法律强制性要求，证监会要对此类合同进行了解或备案。因此，通常对于二者之间的审核类合同都会要求书面形式。其二，对于咨询类合同而言，该类合同并非中介机构组织与上市公司按照法律强制性要求签订的合同，但其中涉及中介机构按照上市公司的要求为其服务，也涉及在合同发生争议时双方当事人关于违约责任的划分，因此，为了能够清楚地划分责任，同时在诉讼过程中方便举证，通常情况下，咨询类合同也都会采用书面形式进行签订。

四　中介机构组织与上市公司之间合同的履行

合同的履行，是指债务人全面、适当地完成其合同义务，债权人的合同债权得到完全实现。或者可以将合同的履行看作债务人以债务本旨而实现债务内容的给付，如交付约定的标的物、完成约定的工作并交付工作成果、提供约定服务等。[①] 中介机构组织与上市公司之间合同的履行，涉及证券法强制规定的审核类合同与双方自愿达成的咨询类合同这两类合同的履行问题。这两类合同在履行上基本没有区别，都必须按照《民法典》中关于合同履行的相关规定进行。

（一）中介机构组织与上市公司之间合同的履行规则

1. 合同履行主体

作为合同履行主体的债务人必须是具有行为能力的行为主体，在中

---

① 〔日〕於保不二雄：《日本民法债权总论》，庄胜荣校订，（台湾）五南图书出版有限公司，1998，第329页。

介机构组织与上市公司签订的审核类合同中，中介机构必须具备相应的资质能力，即具备证券法所规定的对上市公司出具审计报告和法律意见书的职业资质。只有具备此种资格，才能够成为适格的审核类合同主体。此种职业资格要求主要是指证券律师具有出具法律意见书所必须具备的律师资格与证券从业资格，以及证券会计师具有对上市公司出具审计报告所必须具备的注册会计师资格与证券从业资格，只有资质齐全的律师事务所和会计师事务所才能够成为适格的合同履行主体，来履行中介机构组织与上市公司之间的审核类合同。

2. 合同履行标的

合同履行标的是指债务人按照合同约定所做出的义务履行行为。它因合同关系不同而呈现出不同内容，如交付财物、转移权利、提供劳务以及完成工作等。履行必须依照债务的本旨进行，仅为一部分履行，或不以原定给付履行，或因履行而负新债务，均非依债务本旨而履行，不发生清偿，不具有使合同债务消灭的效力。当然，如果出现了情事变更，则另当别论。中介机构组织与上市公司签订的合同属于委托类合同，主要的合同标的就是债务人向债权人提供一定的服务。例如在审核类合同中，合同履行标的为证券律师按照证券法和证券监管机构的规定，对上市公司所披露的业务信息进行审核，然后出具法律意见书，同样，证券会计师对上市公司所披露的财务信息进行审计，然后出具相应的审计报告；在咨询类合同中，中介机构须按照咨询类合同约定，根据上市公司的实际情况，通过自身专业知识的判断，为其提供财务、税务、商业或法律等方面的咨询意见，以帮助其实现经济效益最大化。

3. 合同履行费用

合同履行费用是指履行合同所需要的必要费用。例如，物品交付的费用，运送、邮寄的费用等，但是不包括合同标的本身的价值。① 在通常情况下，对于履行费用的负担规则是有约定从约定，无约定按照《民法典》第510条规定，即双方补充协议；如无法达成补充协议则按照交易习惯确定；如果依然无法达成，则按照《民法典》第511条规定，即履行费用负担不明确的，由履行义务一方负担。中介机构组织与上市公司之间的审核类合同与咨询类合同所涉及的合同履行费用主要有证券律师尽职调查、证券会计师对项目进行实地审计所产生的交通费用、差旅费用以及与之相关的公杂费用。在证券市场中介机构执业过程中，一般都会在合同中对履行费用明确加以规定。通常有两种模式：一是双方在合同中约定，债务履行的费用包含在上市公司支付给中介机构组织的劳务酬金之中一次性付清，这种情况下，酬金会相对偏高；二是只在合同中约定中介机构组织的劳务酬金，另外再单独约定债务履行时所产生的费用按照中介机构提供的相应票据报销，也就是说，债务履行费用由上市公司一方负担。无论采用哪种模式，在此行业中，按照通常做法，债务履行的费用都由上市公司一方负担。

（二）中介机构组织与上市公司之间合同履行的抗辩

合同履行的抗辩及抗辩权，是指在符合法定条件时，当事人一方对抗相对人的履行请求，暂时拒绝履行其债务的抗辩或抗辩权。② 抗辩权体系包含内容甚广，主要涉及附停止条件的抗辩权、附始期的抗辩权、履行期尚未届至的抗辩权、履行期尚未届满的抗辩权、不当履行的抗辩权③、时

---

① 崔建远主编《合同法》（第5版），法律出版社，2010，第135页。
② 崔建远：《合同法总论》（中卷），中国人民大学出版社，2012，第73页。
③ 〔德〕迪特尔·梅迪库斯：《德国债法总论》，杜景林、卢谌译，法律出版社，2004，第356页。

效完成的抗辩权、同时履行抗辩权、先履行抗辩权、不安抗辩权及留置权等①。中介机构组织与上市公司之间的合同属于双务合同，双方互负债务且须同时履行，故在双方合同履行时所涉及的抗辩权多为同时履行抗辩权，因此本部分更多关注同时履行抗辩权这一抗辩权类型。

同时履行抗辩权，也称为履行契约的抗辩权，是指双务契约当事人一方于他方当事人未为对待给付前得拒绝自己给付的权利。② 同时履行抗辩权存在的基础在于双务合同的牵连性，亦即给付与对待给付具有不可分离的关系。该制度设立的初衷就是对具有相互依赖性的双务合同当事人的利益进行保护。中介机构组织与上市公司签订的审核类合同与咨询类合同是典型的双务合同，表现为中介机构通过自身专业知识为上市公司提供专业性服务，而作为合同的对价，上市公司支付佣金给中介机构组织，以激励其完成合同约定的工作。实践中通常发生的情况是，上市公司作为雇主一方不及时或者故意拖延给付中介机构组织酬金，此时中介机构组织可以通过行使同时履行抗辩权来对自身的合法权益进行保护。

（三）中介机构组织与上市公司之间合同履行的情事变更

情事变更原则作为合同法的一个重要条款，在规制合同履行方面意义重大。所谓情事变更原则，是指合同依法成立后，因不可归责于双方当事人的原因，发生了无法预见的情事变更，致使合同的基础丧失或动摇，若继续维持合同原有效力则显失公平，允许变更或解除合同。③ 情事变更条款之所以具有生命力是因为它具有存在的合理性。合同在成立时有客观环境作为基础，在合同成立后，该客观环境发生改变或不复存

---

① 〔德〕迪特尔·施瓦布：《民法导论》，郑冲译，法律出版社，2006，第603页。
② 史尚宽：《债法总论》，（台北）荣泰印书馆，1954，第554页。
③ 崔建远：《合同法总论》（中卷），中国人民大学出版社，2012，第8页。

在，原来约定的权利义务与新形成的环境不适应，因此需要对合同加以改变或解除才能达到实质公平。① 如中介机构组织与上市公司签订的合同中约定中介机构在专业知识和材料准备方面协助公司上市，按照既有的资本市场政策只需达到原有的标准即可。但是当资本市场监管层政策发生突变时，既有的环境发生了变化，则应该使用情事变更条款。例如，在我国资本市场监管较宽松的情况下，中介机构组织与上市公司签订了相关上市服务合同，但是由于资本市场发生的创业板万福生科财务舞弊事件和中小板绿大地财务造假事件拉低了整个A股市场的信息披露诚信度，中国证监会先后发布《关于做好首次公开发行股票公司2012年度财务报告专项检查工作的通知》（发行监管函〔2012〕551号）以及《关于首次公开发行股票公司2012年度财务报告专项检查工作相关问题的答复》（发行监管函〔2013〕17号），开启了IPO排队自查先例，使中国资本市场IPO运作暂停半年之久，这就使得之前相对宽松的资本市场监管环境发生了根本性变化，许多中介机构组织与上市公司签订的相关合同中的履行期限条款无法按期完成。鉴于中国证监会的监管政策变化属于偶然事件，双方无法预知，此时为公平起见，对中介机构组织而言可以适用情事变更条款来变更或是解除合同。

五 中介机构组织与上市公司之间合同的解除

所谓合同解除，是指在合同成立后，当解除条件具备时，当事人一

---

① 对于我国司法领域如何适用情事变更条款，最高人民法院有过专门解释。情事变更的适用要件是：（1）作为合同基础的客观情况发生了变化；（2）该变化是合同订立时无法预见的；（3）该变化非由不可抗力引起；（4）该变化不属于商业风险；（5）继续履行合同对于一方当事人显失公平或者不能实现合同目的。参见最高人民法院《关于适用〈中华人民共和国合同法〉若干问题的解释（二）》（法释〔2009〕5号）。

方或双方的意思表示使合同关系自始或仅向将来消灭的情况。从各国合同法（或民法典）的规定来看，合同解除有两种，一为法定解除，二为意定解除。而意定解除又分为协议解除与依约定解除权解除。协议解除是指双方通过订立一个新的契约解除原来的契约，这种新的契约被称为"反对契约"；依约定解除权解除是指当事人在订立契约之时或之后约定一方或双方的合同解除权发生的情形，即约定当发生某种情形（如违约）时，一方或双方即享有解除合同的权利。法定解除是指当事人行使法定解除权而使合同效力消灭的行为。法定解除权是依据法律规定产生的解除权，其与约定解除权的区别在于解除权是由法律直接规定的，而非由当事人约定的。① 我国《民法典》第563条规定了合同法定解除的相关内容。②

证券市场中介机构组织与上市公司之间合同关系的解除也可以分为法定解除和意定解除。其一，对于法定解除，中介机构组织与上市公司签订合同的目的是帮助公司上市或使之在资本市场的信息披露行为符合证券法及监管部门对于信息真实性的相关要求，合同是在资本市场监管程度既定的情况下签订的，如果出现前文所述及的2012年中国证监会对全部上市公司财务报告要求排队自查和严格审查，以及2015年中国证监会发审委暂停批准公司上市类似的监管措施突变、政策收紧的情况，那么签订合同时双方所信赖的基础性环境发生了变化，可以适用

---

① 有关合同解除部分详细内容参见李永军《合同法》（第3版），法律出版社，2010，第541～542页。
② 《民法典》第563条规定："有下列情形之一的，当事人可以解除合同：（一）因不可抗力致使不能实现合同目的；（二）在履行期限届满前，当事人一方明确表示或者以自己的行为表明不履行主要债务；（三）当事人一方迟延履行主要债务，经催告后在合理期限内仍未履行；（四）当事人一方迟延履行债务或者有其他违约行为致使不能实现合同目的；（五）法律规定的其他情形。"

《民法典》第563条规定的法定解除情形中的不可抗力条款，对合同进行法定解除。其二，关于意定解除，通常在中介机构组织与上市公司签订的合同中会集中约定解除条款，例如当上市公司拒绝或延迟支付给中介机构组织相应的佣金达到约定的期限或者上市公司一方为中介机构提供的基础性材料存在虚假情况时，中介机构组织可以按照双方合同约定，启动意定解除权对合同进行解除。前文我们将中介机构组织与上市公司所签订的此种专业服务类合同识别为委托合同，这里需要注意的是，当委托人所委托的活动违法时，被委托人是否有权单方面解除合同？这就涉及合同无效的范围。以证券律师为例，根据《律师法》第32条第2款规定，律师接受委托后，无正当理由的，不得拒绝代理，但委托事项违法，委托人利用律师提供的服务从事违法活动或委托人隐瞒事实的，律师有权拒绝辩护或代理。这就说明，当上市公司作为委托方对证券律师和证券会计师等中介机构提出违法要求时，中介机构组织可以主张合同无效，这在一定程度上为作为受托方的中介机构组织提供了保护机制，同时也为中介机构的角色冲突提供了抗制的进路。

第二节 证券市场中介机构与投资者之间的法律关系：侵权关系视角

本节将关注证券市场中介机构角色冲突的另一个面向，即中介机构与投资者之间的关系。中介机构与投资者之间的法律关系构成了证券市场主体之间关系的另一个重要方面。主要表现为中介机构出具不真实的信息披露审核文件，导致广大投资者的利益受到损害，由此所形成的侵权关系。本节将根据证券市场中介机构与投资者之间侵权关系的识别，侵权违法行为、侵权损害事实及侵权因果关系等侵权行为构成要件的分析来进一步解构中介机构与投资者之间的冲突关系，以期为后文角色冲突抗制进路部分的论述奠定坚实的基础。

一 中介机构与投资者之间侵权关系的识别

中介机构与投资者之间侵权关系的识别的先决性问题是到底何种行为能被称为侵权行为。因此在正式论述二者之间的侵权关系之前，笔者认为有必要先对侵权行为的概念做一定的铺垫性研究，这有助于本书对这一概念有更加准确的把握，为后文对侵权关系构成的论述打下基础。

"侵权行为"作为民法的一个核心概念在英美法系和大陆法系的理论研究和司法实践中均占据着重要的地位。德国学者克雷斯蒂安·冯·巴尔认为，侵权行为实际上就是，在一定条件下，一方当事人如果没有对对方的权利和利益进行必要的尊重，无论是故意的还是过失的，他将要承担责任。① 我国学者史尚宽先生对侵权行为的定义为：侵权行为者，因故意或过失不法侵害他人之权利或故意以背于善良风俗之方法，加损害于他人之行为也。简言之，侵权行为是侵害他人权利或利益之违法行为。②

通过对以上侵权行为的界定进行归纳总结，可以发现侵权行为的不同侧面分别为过错、违反法定义务、损害赔偿责任和致人损害。这些都是侵权行为所涉及的要素。综合上述因素分析，笔者认为我国学者杨立新教授对侵权行为所做的定义更为妥当：侵权行为是指行为人由于过错，或者在法律特别规定的场合不问过错，违反法律规定的义务，以作

---

① 〔德〕克雷斯蒂安·冯·巴尔：《欧洲比较侵权行为法》（上卷），张新宝译，法律出版社，2001，第6页。
② 史尚宽：《债法总论》，（台北）荣泰印书馆，1954，第101页。

第三章 证券市场中介机构角色冲突的法律关系基础

为或不作为的方式,侵害他人人身权利和财产权利及其利益,依法应承担损害赔偿等法律后果的行为。[①]

在资本市场中,中介机构与投资者之间的关系能否被识别为侵权关系,需要根据二者之间关系的形成原因进行判断。从证券交易法律关系层面分析,该种交易直接存在两重法律关系,一是中介机构组织与上市公司之间的委托合同关系;二是上市公司与投资者之间基于证券买卖、持有所形成的证券交易和持有的法律关系。也就是说,中介机构与投资者之间在通常情况下不存在任何直接的基于契约形成的法律关系。但是按照证券法和资本市场相关监管规则的要求,中介机构需要对上市公司所披露信息的真实性进行鉴定并出具审计报告和法律意见书。由于资本市场信息不对称且投资者缺乏专业知识和业务技能,中介机构出具的这些书面材料就成为广大投资者做出其投资决策和行为选择的重要参考依据。在这种情况下,如果中介机构所出具的保证性审核文件不真实或是中介机构在利益诱惑面前出于主观故意,放任上市公司披露不真实的信息,更有甚者帮助上市公司进行虚假信息披露,这些行为会给投资者的利益造成极大损害。这种在中介机构与投资者之间形成的关系并非基于双方之间的契约,而是基于中介机构的主观过错因素所导致的侵权行为满足法律规定的侵权构成要件,因此双方之间毫无疑问地形成了侵权关系。

中介机构对于无契约关系的审核性材料(审计报告和法律意见书)使用人应该承担的是信息不实的侵权责任。它建立在信息使用者根据中介机构出具的有瑕疵的专业意见进行投资而遭受财产损失的基础之上。各国立法对于中介机构对投资者的侵权责任都有专门的规定。在法国、德国等欧洲大陆法系国家,公司法通常明确规定中介机构对投资者的侵

[①] 杨立新:《侵权法论》(第2版),人民法院出版社,2004,第13页。

权责任，法国《公司法》第 234 条第 1 款规定：会计师因其影响公司和第三人的利益，对在履行其职责过程中所犯的错误和过失所造成的损失结果承担责任。德国《公司法》的规定则是，会计师审计过程中存在过失，仅对客户承担责任；如果存在欺诈行为，则对所有因此而受到损失的人承担赔偿责任。① 而在英美法系国家，尤其是资本市场发达的美国，其证券法对中介机构的侵权责任基本构成要件、虚假陈述、损害界定等内容都有相当明确的规定，要求中介机构积极主动地扮演"看门人"的角色并发挥功能，进而纯化资本市场的信息披露。中介机构必须积极履行其义务，不能在其发表的审核性文件中大量照抄上市公司招股说明书的内容，而必须亲自对客户的陈述做出详细的尽职调查，否则要承担侵权责任，这在美国早期司法判例中有所体现②。在司法以外，作为美国证券监管行政力量的美国证券交易委员会，早在 1962 年发布的法案中就曾经严厉指出：如果律师完全以其未做任何努力去核查的假定事实作为依据提供法律意见，且其知道自己的意见会被用作未注册证券大量分销的依据，则会引起其从业行为是否适当的严重问题。③ 由此，我们可以清楚地看出，在世界主要资本市场所在的发达国家，其证券监管法律都会要求中介机构对投资者承担侵权责任，承认二者之间侵权关系的存在，并且对于此种侵权关系的构成要件、制度机制和内部架构有深刻的研究。我国法律对证券市场中介机构的侵权责任也做了相应的规

---

① 刘燕：《会计师民事责任研究：公众利益与职业利益的平衡》，北京大学出版社，2004，第 92~93 页。

② 参见 Escott v. BarChris Construction Co. (283 F. Supp. 643 S. D. N. Y. 1968)。

③ 参见 Sec. Act Rel. 4445（1962），以及案例 Popham, Haik, Schnobrich, Kaufman& Dory, Ltd. v. Newcomb Sec. Co., 751 F. 2d 1262, 1264 – 1266（D. C. Cir. 1985），转引自〔美〕路易斯·罗思、乔尔·赛里格曼《美国证券监管法基础》，张路等译，法律出版社，2008，第 1029 页。

定，例如我国《注册会计师法》第42条对于会计师的侵权责任所做出的规定为："会计师事务所违反本法规定，给委托人、其他利害关系人造成损失的，应当依法承担赔偿责任。"我国《民法典》第1164条规定侵权行为所指向的对象为主体的民事权益。而民法所调整的民事权益涵盖了主体的财产权益，广大投资者在资本市场的证券投资收益很显然属于财产权益，属于侵权责任法所保护的对象。由此可以推知，在我国中介机构对其行为导致的广大投资者在资本市场利益受损的情形应该承担侵权责任，亦即二者之间的侵权关系成立。本部分将从侵权行为的构成要件，即违法行为、损害结果、因果关系等方面，依次对证券市场中介机构与广大投资者之间的侵权关系进行检视和论述，解读证券侵权这一特殊类型侵权关系的法律特点，从而更加清楚地解构证券市场中介机构角色冲突的另一面向——中介机构与投资者之间的侵权关系，以期为本书第五章中介机构角色冲突的抗制路径的探讨奠定坚实的基础。

二 中介机构对投资者的侵权违法行为

侵权法中的违法行为是指自然人或法人违反法定义务而实施的作为或不作为。违法行为作为侵权责任构成的客观要件，包括"行为"和"违法"两个要素，这两个要素构成违法行为要件的完整结构。这一结构表明，首先，侵权行为必须由行为来构成，而非由事件或思想等行为以外的事实构成，产生侵权责任的前提是，必须有一定的行为；其次，这种行为必须在客观上违反法律，具有违法性的特征。[①] 这里需要展开解释的问题是何为违法性。按照德国法的解释，违法性是指违反保护他

---

① 杨立新：《侵权法论》（第2版），人民法院出版社，2004，第161页。

人的法律和故意违背善良风俗致人以损害。① 本书重点关注违反保护他人的法律，即与资本市场相关的涉及财产权益保护的法律法规。违法行为必须具备违法性，满足违反相应保护性法律法规的主观和客观全部要件。② 在中介机构与广大投资者之间形成的侵权关系中，中介机构的行为是否具备违法性呢？按照上文的分析，必须有保护投资者的法律先行存在，之后才有中介机构对该法律的违反，在这两个条件都满足的情况下，中介机构的行为才能够被认定为具备违法性。以资本市场发达的美国为例，在《1933年证券法》第11条（a）部分明确规定，当登记文件中对重大的情况有错误陈述或遗漏的时候，证券购买者有权起诉。并且作为司法机关的法院，以判例的形式建立起了"言者当心规则"，具体界定了错误陈述和信息遗漏的实质性标准。③ 我国《证券法》第10条关于证券发行有以下规定：在证券发行时，拟发行证券的公司应当聘请保荐人；保荐人应当遵守业务规则和行业规范，诚实守信，勤勉尽责，对发行人的申请文件和信息披露资料进行审慎核查，督导发行人规范运作。第163条则规定了证券市场中介机构对证券的发行、上市、交易等环节出具审计报告、法律意见书等相关文书的勤勉义务及较为严苛的责任配置。④ 这些

---

① 参见《德国民法典》第823条第2款：违反以保护他人为目的的法律的人，担负同样的义务（损害赔偿义务——笔者注）。依法律的内容，无过错也可能违反法律的，仅在有过错的情形下，才发生赔偿义务。参见《德国民法典》（第4版），陈卫佐译注，法律出版社，2015，第317页。

② 〔德〕迪特尔·梅迪库斯：《德国债法分论》，杜景林、卢谌译，法律出版社，2007，第676~679页。

③ 〔美〕托马斯·李·哈森：《证券法》，张学安等译，中国政法大学出版社，2003，第271~272页。关于"言者当心规则"，参见 *Kaplan v. Rose*（49 F. 3d 1363 Fed. Cir. 9th. 1994）和 *McMahan & Co. v. Wherhhouse Entertainment*（900 F. 2d 576 Fed. Cir. 2nd. 1990）。

④ 《证券法》第163条规定："证券服务机构为证券的发行、上市、交易等证券业务活动制作、出具审计报告及其他鉴证报告、资产评估报告、财务顾问报告、资信评级报告或者法律意见书等文件，应当勤勉尽责，对所依据的文件资料内容的真实性、准确性、（转下页注）

第三章 证券市场中介机构角色冲突的法律关系基础

规定都是法律对作为资本市场弱势一方——广大投资者的倾斜性保护，中介机构如果出具的是不实、虚假的审计报告或法律意见书，无疑是对证券法和相关证券监管规则的违反。这就违反了对广大投资者的保护性法律规则，并且这种违反通常都是在中介机构知情下的故意行为，具有极大的违法性。因此，中介机构出具不实报告或意见书的行为属于侵权法中所指的违法行为。

按照侵权责任一般原理，侵权法中的违法行为以是否违反法律规定的法定义务为标准，可以划分为作为的违法行为和不作为的违法行为。作为的违法行为是指违反法律规定的不作为义务的行为，它是侵权违法行为的主要行为方式。对于人身权和财产权这类绝对性权利，法律都设定了任何人不得侵害的法定义务。行为人违反了法律所设定的不得侵害的义务而做出侵害行为，即构成了作为的违法行为。不作为的违法行为是指行为人违反法律规定的作为义务而构成的违法行为。确定不作为的违法行为的前提，是行为人负有特定的作为义务，这种特定的作为义务不是一般的道德义务，而是法律所要求的具体义务，包括法律直接规定的义务和业务上或职务上要求的义务以及行为人先前行为所引发的义务。对违法行为类型的划分有助于我们更好地研究中介机构侵权行为的相关内容。

证券市场中介机构对投资者的违法行为既包含积极作为的违法行为，又包含消极不作为的违法行为。积极作为的违法行为主要指中介机构对于上市公司在信息披露时虚假陈述的协助行为，即在公司拟上市时的招股说明书上和中期信息披露过程中，中介机构与上市公司合谋对披露信息进行造假，成为证券虚假陈述的共同参与者，以积极的方式参与虚假陈述的行为。而证券市场中介机构消极不作为的违法行为在信息披

(接上页注④) 完整性进行核查和验证。其制作、出具的文件有虚假记载、误导性陈述或者重大遗漏，给他人造成损失的，应当与委托人承担连带赔偿责任，但是能够证明自己没有过错的除外。"

露问题上同样存在,例如,中介机构根据其自身专业知识发现了上市公司信息陈述的虚假性或是在披露过程中某些重要的信息未对外披露,但鉴于证券市场高度专业性的特点,该项信息未披露的事实很难被投资者所发现,对于此种状况,中介机构未加阻止,而对该类信息的审核是中介机构职业行为所要求的义务,这样中介机构便违反了证券法和相关监管规则的要求,构成了消极不作为的违法行为。

关于证券市场中介机构的作为或不作为的违法行为,在美国、欧洲国家和我国的证券立法中均有所规定。《1934年证券交易法》中的10b-5监管规则的主要目的就是解决股票或其他证券交易中产生的公司重大不实说明或不披露所涉及的虚假陈述问题。该规则适用主体是与信息披露有关的任何人,自然包括中介机构。德国对证券市场中介机构违法行为的规制体现在《德国交易所法》第45条第1款[1],这一条款规定了中介机构与公司虚假陈述有任何关联,都会被识别为侵权违法行为。[2] 我国对证券市场中介机构的侵权违法行为的规定主要集中在《证券法》和证监会的相关监管规则中。[3] 无论是域外立法还是我国立法,其在结

---

[1] 《德国交易所法》第45条第1款规定:对不真实说明书承担责任的人员包括对上市申请说明书负责的主要人员,即上市公司自身及证券发行协助人和实际编制上市申请说明书或为其提供材料的中介机构和个人(主要是指证券会计师、证券律师和保荐人等证券市场中介机构——笔者注)。

[2] 马其家:《证券民事责任法律制度比较研究》,中国法制出版社,2010,第28~41页。

[3] 《证券法》第163条规定:"证券服务机构为证券的发行、上市、交易等证券业务活动制作、出具审计报告及其他鉴证报告、资产评估报告、财务顾问报告、资信评级报告或者法律意见书等文件,应当勤勉尽责,对所依据的文件资料内容的真实性、准确性、完整性进行核查和验证。其制作、出具的文件有虚假记载、误导性陈述或者重大遗漏,给他人造成损失的,应当与委托人承担连带赔偿责任,但是能够证明自己没有过错的除外。"证监会颁布的《公开发行股票公司信息披露实施细则(试行)》第5条第2款规定:"公开披露文件涉及财务会计、法律、资产评估等事项的,应当由具有从事证券业务资格的会计师事务所、律师事务所和资产评估机构等(转下页注)

构上的共通性在于规定了证券市场中介机构的法定义务,对中介机构的行为提出相关要求,如果中介机构违反了该法定义务(以作为或不作为的方式),行为便具备了违法性,会损害广大投资者的利益,中介机构的侵权行为便就此形成。

三 中介机构对投资者的侵权损害事实

损害事实是侵权责任构成的必备要件。任何人只有在因他人的行为受到实际损害时才有权获得法律上的救济。侵权行为人也只有因自己的行为或者所控制的物件致他人受到损害时,才可能承担损害赔偿责任。

损害事实是指一定的行为致使权利主体的人身权利、财产权利以及其他利益受到侵害,并造成财产利益或非财产利益的减少或灭失的客观事实。① 关于损害的本质,较为权威的解释是德国学者麦蒙森(Momnsen)在1855年提出的"利益说"(又称"差额说")。他认为损害事实的本质是受害一方利益的损失,即财产或法益所遭受的不利状态。具体而言,某项特定损害事实的发生使受害人丧失了一定的利益,事实发生后的利益状态与发生前的利益状态的差额,即受害人所遭受的损失。② 按照此学说,侵权行为人的赔偿义务,应当与其行为所造成的损害是同等的,侵权行为人应当赔偿如果没有侵权行为的发生受害人所能获得的全部利益。③

按照侵权违法行为所指向的对象不同,可以将损害事实的种类进行相应的划分,并且归纳为以下两大类:一是对人身权利和利益的损害事

(接上页注③)专业性中介机构审查验证,并出具意见。专业性中介机构及人员必须保证其审查验证的文件的内容没有虚假、严重误导性陈述或者重大遗漏,并且对此承担相应的法律责任。"

① 杨立新:《侵权法论》(第2版),人民法院出版社,2004,第169页。
② 王利明:《侵权行为法研究》(上卷),中国人民大学出版社,2004,第351~352页。
③ 参见曾世雄《损害赔偿法原理》,中国政法大学出版社,2001,第10~13页。

实，二是对财产权利和利益的损害事实。鉴于证券市场中介机构对广大投资者的侵权行为所造成的损害只可能是财产权利和利益的损害，而不会涉及其人身权利和利益，本部分只对财产损害事实进行讨论，略去对人身损害事实的讨论。财产损害是指因行为人侵害权利人的财产权利和利益而造成的受害人经济上的损失。权利人遭受的一切涉及财产价值的损失，均可称为财产损害，且财产损害一般能够用金钱确定和衡量。鉴于资本市场证券等金融领域交易自身结构的复杂性，证券市场中对损害事实的认定具有相当大的难度。研究证券法领域的损害事实应该注意考察两方面内容。第一，损害的法定性。投资者的损失必须是行为人违反证券相关法律法规规定的积极义务或是消极义务所造成的损失，违反证券法和相关监管规则以外的法律法规所造成的损失，不会被认定为证券侵权损害事实。第二，损害一般为财产损失，包括直接损失和间接损失。证券法所涉及的直接损失表现为投资者现有财产的减少，而间接损失是指可得利益的丧失。例如，缺乏专业知识的资本市场广大投资者基于中介机构所出具的审计报告、法律意见书等相关文件，认为某公司拟发行的股票业绩非常好，价格有很大的上升空间，而大量申购该公司股票，购买后发现信息披露失真，所购买的股票并没有如此好的估价，这样的损失就是证券法中所列明的直接损失；广大投资者在购买 A 股票和 B 股票之间进行选择时，受中介机构发布的不真实信息影响，大量购入 A 股票，结果 A 股票价格大幅度下挫，而 B 股票价格大幅度上扬，此时 B 股票价格上扬部分便是证券法中规定的间接损失。

在虚假陈述、欺诈客户、内幕交易和操纵市场四种行为中，涉及中介机构对投资者侵权损害事实的违法行为是虚假陈述。因此本部分将重点考察在虚假陈述中出现的中介机构侵权损害事实。如果投资者按照受到虚假陈述影响的价格购买了包含虚假陈述的证券，那么该投资者因此形成的损失便会被识别为虚假陈述所造成的损害事实。各国证券立法对于虚假陈述所造成的损害事实的认定都有相应的规定。美国《1934年证券交易法》第18条（a）、英国《1986年金融服务法》第150条第1款以及《德国交易所法》第45条第1款对于因证券虚假陈述引发的损害赔偿责任都给予了充分的规定。①我国最高人民法院《关于审理证券市场因虚假陈述引发的民事赔偿案件的若干规定》第6条规定，投资人以自己受到的虚假陈述侵害为由，对虚假陈述行为人提起的民事赔偿诉讼，符合《民事诉讼法》（1991年版）第108条规定的，人民法院应当受理。而侵权责任法关于损害事实的规定，要求投资者必须因虚假陈述受到了侵害且产生了损失。对以上域外和我国相关证券立法和监管规则的规定进行分析可以得出，各国关于损害事实规定的共通性在于，证券买受人都受行为人（证券市场中介机构）或是放任或是主观故意所做出的虚假陈述影响，按照受到影响的价格购买了相关的证券产品进而造成了损失。这种损失对于投资者而言本来是不应该承受的，是其相信了在中介机构"声誉资本"掩盖下披露的虚假信息才造成的。证券损害赔偿的另一个重要问题是投资者的损失应该如何计算，这是对中介机构违法行为惩罚及对投资者损失补偿的一个基础，这一部分的内容将在第五章展开详细论述。

---

① 美国《1934年证券交易法》第18条（a）规定，拟上市发行证券的主体对于任何信赖上市前公司递交的由中介机构审核过的申请登记表而接受该表影响的价格购买或者出售证券的个人负有赔偿所造成的损失的责任。英国《1986年金融服务法》第150条第1款规定，上市说明书或者补充上市说明书中存在重大事实的不真实或具有误导性的陈述，或遗漏了该法要求载明的任何事项，致使获得有关证券的买受人遭受损失的，该上市说明书或补充上市说明书的负责人应当向其支付损失赔偿金。《德国交易所法》第45条第1款规定，如果已获准上市交易的有价证券的说明书对评价有价证券非常重要的有关说明不正确或者不全面，则根据该说明书购买该有价证券的购买人可以对该损害要求赔偿。

四 中介机构对投资者的侵权因果关系

"因果关系"本来是一个哲学概念,是从"原因"和"结果"这一对哲学范畴的概念中抽象出来的一种关系,用以表征本质与现象之间相互联系、相互制约的普遍形式,而客观现象之间存在的关系是一种客观的、实在的联系。人类在研究一切具有普遍联系的现象时,都将哲学上的因果关系及其基本规律作为研究的支撑、基础和指导原则。当运用哲学上的因果关系原理研究侵权法中侵权违法行为和损害结果之间的引起与被引起关系时,便形成了侵权法中的因果关系。

所谓的侵权法中的因果关系是指违法行为作为原因,而损害事实作为结果,二者之间存在引起与被引起的关系,即前者引起后者,后者被前者引起。在因果关系问题上,一个至关重要的方面便是对因果关系的认定,这是确定具体案件中因果关系的基础,也是确定侵权行为和损害结果之间存在联系的先决性问题。由于因果关系的复杂化、多样化,理论上对于因果关系的确定产生了"条件说""原因说""相当因果关系说""法规目的说"。"条件说"认为凡是引起损害结果发生的条件,都是损害结果产生的原因,因此构成因果关系要件。这种理论不承认事实上的原因和法律上的原因有区别,而是将逻辑上导致该结果出现的所有条件都视为法律上的原因,行为人都要承担责任。其公式就是"没有前者,即没有后者"。[①]"原因说"又称"限制条件说",主张对原因和条件加以区分,仅承认原因与结果之间的因果关系存在,而认为条件与结果之间不存在因果关系,条件只是起到了背景作用,无直接贡献,不对结果具有原因力。"相当因果关系说"

---

① 李光灿等:《刑法因果关系论》,北京大学出版社,1986,第37页。

由德国学者巴尔提出，由冯·克里斯在19世纪末发表在《论客观可能性的概念》一文中，认为只有那些对结果发生提供了客观可能性的事实才能被称为原因。① 也就是说，某一事实仅于现实情形下导致某种结果，尚不能认为该事实与结果有因果关系，必须在一般情形下，依社会的一般观察，亦认为能发生同一结果时，才能认为二者有因果关系。"法规目的说"由德国学者拉贝尔（Rabel）在20世纪40年代所创立，该学说认为只有当损害处于法规所保护的范围之内时，损害才能得到救济。因侵权行为所产生的赔偿责任，应就侵权行为法规的意义与目的进行探讨，尤其应当探讨其旨在保护何种利益。② 也就是说，只有当被主张赔偿之损害根据其种类及存在方式属于被法规保护之内容时，行为人的损害赔偿义务才是存在的。在侵权行为因果关系问题上，还可以将原因具体划分为事实原因与法律原因。事实原因是客观事实的状态，而法律原因才是确定因果关系的重点，因此在这里我们需要重点关注法律原因。法律原因又称为近因，是一种自然的和继续的、没有被介入因素打断的原因，没有这种原因就不会存在损害结果发生的情况。确定法律原因主要需要分析直接原因、后果的预见性以及介入因素这三个方面。

在对一般侵权行为的因果关系有一定了解之后，我们要把目光投向证券市场中侵权行为与损害结果之间因果关系的认定。在证券市场中，参与人只需要对自己的损害行为所造成的损害事实承担相应的民事责任。因此，在损害发生时，为了使受损害的投资者得到相应的补偿，就必须证明证券市场参与人的行为与该损害结果之间存在因果关系，也就是需要证明此一损害事实是由该损害行为所引起的必然结果。以中介机

---

① J. C. B. Mohr, "Causation Remoteness of Damage," in A. M. Honorè, *International Encyclopedia of Comparative Law*, Paul Siebeck, 1975, p. 31.
② 参见曾世雄《损害赔偿法原理》，中国政法大学出版社，2001，第112~113页。

构对资本市场广大投资者的侵权行为为例,鉴于资本市场信息的高度专业性、严重的信息偏在以及投资者专业知识的缺乏,处于弱势地位的投资者证明那些高度专业化的中介机构提供的相关信息的非真实性以及其行为与自身的损失之间存在因果关系会比较困难。在这种情况下,为了保护投资者合法权益,可以借鉴美国法中的市场欺诈理论(fraud on the market theory)。按照该理论,中介机构参与或与上市公司共谋所做出的虚假信息披露行为,欺诈的是整个证券市场。投资人因相信证券市场披露的信息是真实的以及证券价格是公正的而进行投资,其无须证明自己信赖了虚假信息披露行为才进行投资,只要证明其所投资的证券价格因受到了虚假信息披露行为的影响而不公允,即可认为自身的损失与虚假陈述行为之间存在因果关系。该理论的假设前提是,在有效市场中开展证券交易的投资者有权信赖自由市场力量确定的证券市场价格,而自由市场力量不受欺诈或者虚假信息披露的影响。该理论假定了所有重大信息公开材料都直接影响到证券市场的相关价格,尤其是经过中介机构审核披露的上市公司信息对于股价的影响非常之大,投资者基于对该信息的信任在任何时点上交易证券,实际上都无法摆脱这些市场上既存的公开信息的影响。因此,通过这种信赖的关系能够推导出投资者利益损害与中介机构参与的虚假信息披露之间存在因果关系。

鉴于不同国家拥有不同的法律传统和历史积淀,域外和我国的立法在因果关系的认定上存在不同的方法。以判例法为代表的英美法系,无论是英国法还是美国法,对于证券侵权因果关系都是按照二分方式将其划分为事实因果关系和法律因果关系。如美国《1933 年证券法》第 12 条关于对证券发行方重大不实说明或信息遗漏导致的民事责任中的因果关系认定的规定,就是典型的事实因果关系和法律因果关系二分法。对于事实因果关系的规定在第 12 条(a),投资者想要提起诉讼,首先必须与被告之间存在该证券的直接购买关系,同时自己实际上并不知道该重大事实的不真实或者信息遗漏的存在,这就能够证明二者之间存在事实因果关系。对于法律因果关系的规定在第 12 条(b),如果原告的损失不是由证券贬值引起的,而是由中介机构参与的虚假陈述或者信息漏报所引起的,那么对此种重大事实的信赖便能够成为法律上的原因。对于法院如何适用因果关系认定方法,可以参照美国第二巡回法院 1987 年判决的一个案例。[1] 该案件中,法官指出依据《1933 年证券法》第 11 条提起民事诉讼需要具备两个条件:其一,虚假陈述是在重大事实方面的虚假陈述,而重大性是一个客观层面的问题,如果虚假陈述能够影响一个理性投资者做出购买股票的决定,那么该虚假陈述就是重大的;其二,原告受到的损害与虚假陈述之间存在因果关系。作为大陆法系代表的德国,在因果关系认定上奉行的是"相当因果关系说",认为侵权行为与损害结果之间存在事实因果关系时,侵权行为人应该对其行为引起的损害负赔偿责任。《德国有价证券法》规定,如果已获准上市交易的有价证券对评价该有价证券非常重要的有关说明不全面或者不正确,则根据该说明书购买了该有价证券的买受人可以要求承担说明责任的人员以及公布说明书的人员承担民事损害赔偿的连带责任,这类责任承担方中,当然包括负责审核说明书信息真实性的证券市场中介机构。[2] 我国证券法对于侵权行为与投资者损失之间的因果关系认定方法没有明确规定,这就留给了学界和司法实务界对此问题进行探讨的空间。我国学者普遍主张采用美国的市场欺诈理论和信赖推定原则。而司法实务界更多的是通过时间节点来判断证券侵权行为与损害结果之间的

---

[1] *Akerman v. Orxy Communications, Inc.*, 810 F. 2nd 344 (2nd Cir. 1987).
[2] 美国和德国证券法中证券因果关系认定的相关资料参见马其家《证券民事责任法律制度比较研究》,中国法制出版社,2010,第 110~146 页。

因果关系。最高人民法院发布的《关于审理证券市场因虚假陈述引发的民事赔偿案件的若干规定》中采用时间节点的方式认定，规定以下情形为具备因果关系：（1）投资人所投资的是与虚假陈述直接关联的证券；（2）投资人在虚假陈述实施日及以后，至揭露日或更正日之前买入该证券；（3）投资人在虚假陈述揭露日或更正日及以后，因卖出该证券发生亏损，或者因持续持有该证券而产生亏损。同时也规定了以下情形应认定为不存在证券侵权因果关系：（1）在虚假陈述揭露日或者更正日之前已经卖出证券；（2）在虚假陈述揭露日或更正日及以后进行的投资；（3）明知虚假陈述存在而进行的投资；（4）损失或者部分损失是由证券市场系统风险等其他因素所导致；（5）属于恶意投资、操纵证券价格的。从以上规定可以看出，我国这种对证券侵权行为与损害结果之间因果关系的时间节点认定法与域外的原因认定法相比较，具有容易操作、便于推广的优点。但是应该看到，对于因果关系这一侵权法中如此复杂的问题仅仅以时间节点来划分会略显粗糙和机械，无法探究该原因为直接作用的近因还是介入因素，亦无法了解买受人在投资之时到底在多大程度上受到了虚假陈述的影响，可能存在认定不精确的问题。对于这一问题的解决，笔者将在本书第五章进行详细论述。

第三节　证券市场中介机构之间的法律关系：协同共谋视角

证券市场中介机构的角色冲突问题涉及三方主体——上市公司、广大投资者和中介机构组织的关系。本章前两节分别从两方相互关系的角度探讨了基于中介机构组织与上市公司契约伦理所生成的中介机构角色冲突的一个面向,以及基于中介机构因违反证券法及相关证券监管规则的规定对广大投资者造成损害而生成的中介机构角色冲突的另一个面向。但归根结底,中介机构角色冲突是由中介机构在资本市场上的执业活动造成的,也就是说角色冲突的产生是基于中介机构自身的行为选择。为何中介机构会被上市公司管理层"俘获",选择与其合谋造假?为何中介机构之间对彼此的合谋行为心照不宣、默许和协同一致?又是什么样的外部条件促成了这种行为选择的实现?这就需要从中介机构作为理性经济人的行为选择的思维路径和资本市场作为中介机构执业行为的外部场域对其造成的影响这两个层面,对证券市场中介机构的角色冲突进行研究。故本节从中介机构作为理性经济人自利的行为本性,以及非充分竞争条件下外部市场环境内外两个方面,对中介机构的角色冲突问题进行深入研究,为本书第五章的问题解决方案提供必要的先期研究基础。

一 "理性经济人"的自利本性——协同共谋的内部因素

按照唯物辩证法的观点,内因是事物变化的根据,外因是事物变化的条件,内因才是事物变化最为根本的推动力。所谓内因就是事物内在的最为根本的矛盾。在研究人的行为时,行为理性是最主要的矛盾,它是研究人类一切行为的最基本的内在因素。个人是社会科学中分析问题的终极单位,也是各种价值的最终归宿。不考虑有目的的行动者个人的计划和决策,所有的社会现象都不能得到有效理解。即使社会中存在超个体的规则、结构和可理解的模型,但这些规则、结构和模型也是个体协商和选择的结果。[①] 这就需要我们首先对"理性经济人"有一个清楚

---

① 蔡立东:《公司自治论》,北京大学出版社,2006,第7页。

的认识。在经济学的研究中，存在对"理性经济人"的既有论述。"理性经济人"的来源可以追溯到经济学鼻祖亚当·斯密在《国富论》中所阐述的观点，之后的经济学家将其不断完善和充实，并逐渐将"理性经济人"作为西方经济学的一个基本假设，即假定人都是利己的，而且在面临两种及以上选择时，总会选择对自己更有利的方案。"理性经济人"在一切经济活动中的行为都是合乎所谓的理性的，即都以利己为动机，力图以最小的经济代价去追逐和获得最大的经济利益。①

证券市场中介机构作为一个典型的"理性经济人"群体，其一切行为也都以自身利益最大化为最终的价值追求。中介机构基于证券法和相关证券监管规则所产生的角色冲突的法定义务面向，得以形成的深层次原因便是中介机构与上市公司的共谋行为。面对证券法所设定的法定义务以及违反义务后严厉处罚的威慑，缘何中介机构还会铤而走险，与上市公司合谋造假，损害资本市场广大投资者的利益呢？原因就在于证券市场中介机构具有"理性经济人"追求自身利益最大化的行为特质，在进行利益衡量和"成本—收益"分析的基础上，认为与上市公司合谋得到的利益要大于违法行为被发现时所受到的损失，因此其有内在动力去从事协同共谋活动，具体分析如下。②

拥有"声誉资本"的中介机构作为资本市场"看门人"，也要追求其自身利益的最大化。这里就存在理性的中介机构对于其"声誉资本"所带来的收益与选择同其服务对象（上市公司）共谋所产生的收益孰高孰低的比较。如果中介机构拥有强大的"声誉资本"，并在交易中承担声誉风险，那么即使在缺乏有效的法律诉讼救济机制的情况下，中介

---

① 高鸿业主编《西方经济学》（第2版），中国人民大学出版社，2000，第22页。
② 有关中介机构与上市公司合谋行为选择问题的分析参见王彦明、吕楠楠《我国上市公司外部监督论略——以"看门人"机制为分析进路》，《社会科学战线》2013年第12期。

机构也会有动力去抵制与其客户共谋的诱惑，因为他们面临的潜在损失远远超过与客户共谋而可能获得的一时收益。反之，虽然中介机构需要在交易中承担声誉风险，但是如果与客户共谋所产生的收益大于"声誉资本"所产生的收益，同时这种共谋的行为不容易暴露，则理性的中介机构就会选择后者，此时"看门人"机制就会失灵。

理性的中介机构究竟为何会甘愿冒着"声誉资本"尽失的风险去与其客户共谋进行财务造假和违规信息披露呢？笔者认为原因有以下两个。其一，付费模式错位导致"委托—代理"关系的异化。在资本市场中，中介机构为上市公司出具专业报告或意见书，其作为中介服务机构的报酬是由其客户承担的，也就是由上市公司为这些中介机构付费。因此实际上是"看门人"与上市公司构成了"委托—代理"的契约关系，基于契约伦理，"看门人"应该对上市公司负责。其二，现代公司董事薪酬模式的改变催化了中介机构与上市公司合谋造假的情况发生。现代公司治理中的董事薪酬模式已逐渐从之前的固定薪酬形式转变为股权激励模式，这样公司董事和高管会更加注重公司股价的高低，他们有动力去要求"看门人"默许公司发布虚假业绩报告和信息披露，进而短期内推高公司股价获利。作为"看门人"的中介机构，为了得到雇佣合同的收益，尤其是利润丰厚的咨询类合同的收益，在很大程度上会甘愿冒险取悦上市公司管理层甚至服从其安排与意志，从而导致中介机构与上市公司协同共谋情形的发生，由此衍生出中介机构基于法定义务产生的角色冲突面向。

二 市场竞争的非充分性——协同共谋的外部环境

哲学上作为事物变化外因的外部条件，对于事物的变化起到了促进和推动作用。中介机构与上市公司合谋的促成性外部因素便是证券市场中介机构职业竞争的非充分性，这为中介机构协同共谋提供了极大的便利。资本市场中在证券行业执业的中介机构组织数量是一定的,鉴于其职业门槛相对较高——需要相关人员具备法律职业资格或注册会计师资格和证券从业资格以及事务所从事证券业务的资格,在资本市场中从事证券专业服务的中介机构组织相对而言是较少的,而较少的几家中介机构组织占据着较大的市场份额,这就会出现经济学上所说的寡头垄断(oligopoly),导致市场竞争的非充分性甚至是非竞争性,从而衍生出协同共谋的支持性外部因素。

经济学家保罗·萨缪尔森(Paul A. Samuelson)等在其《经济学》一书中对寡头做出了如下定义:所谓寡头是指在市场中只有少数供给方(可以是 2~15 个)供给该行业全部或大部分产品,每个厂家的产量占市场上产品总量的相当多的份额,对市场价格和产量有举足轻重的影响。[①] 相互依存是寡头垄断市场的基本特征。由于供给方数目少而且占据市场份额大,一个供给商的行为会影响对手的行为,还会影响整个市场。所以,每个寡头在决定自己的策略时,都非常重视对手对自己这一策略的态度和反应。供给商作为寡头垄断者,是独立自主的经营单位,具有独立的特点,但是其又互相影响、互相依存。这样,寡头供给商可以通过暗中默契达成共谋或协作。

证券市场中介机构的执业市场作为一个竞争不充分的市场就具备寡头市场的特征。这一行业的运行主要基于该行业从业者丰富的专业知识和在资本市场中长期从业积累下的强大的"声誉资本"。这就使得进入这一行业的门槛相对较高,而客户也比较倾向于选择那些在市场上从业时间久、名声大的中介机构组织为自身服务,这致使该行业内的少数几

[①] 参见〔美〕保罗·A. 萨缪尔森、威廉·D. 诺德豪斯《经济学》(影印版·第16版),机械工业出版社,1998,第 156~157 页。

家大型"看门人"产生寡头垄断效应。以我国证券市场为例,在证券律师服务领域,国浩、中伦、金杜、天银和国枫等律师事务所一直处于行业领先地位,占据了相当大的市场份额;在会计市场,德勤、普华永道、毕马威和安永这四大国际会计师事务所以及立信、中瑞岳华、天健、深圳鹏城等几大会计师事务所占据重要地位。在这种情况下,市场中的各个"看门人"就会相互串通,或者心照不宣地协同行动,对其他同行与客户之间的合谋欺诈行为视而不见。拥有发达资本市场的美国曾经试图用同行评审和竞争对手互查的办法来解决中介机构合谋的问题。因为监管者相信,具备同样专业知识和业务技能的中介机构之间存在竞争关系,具有利益的竞争性,并且对整个行业的熟悉程度也是最高的,因此期望采用这种同行评审机制阻却中介机构与其客户合谋,以解决中介机构角色冲突问题。按照当初的制度设计,每三年必须由同行事务所对被评审事务所质量控制体系进行一次评审。理论上,同行评审人要审查质量控制体系的设计以及实际操作,包含事务所内部文件、审计报告以及工作底稿,然后针对评审结果发布一则报告,而被评审事务所要对报告内容进行回复,两份文件最终都要交给监管部门,按照监管部门的意见进行整改。制度的设计初衷是好的,但是所有被同行评审的事务所都通过了审核。原因在于同行评审接近于做表面文章,竞争对手相互审查本就是一种自欺欺人的行为,因为他们总是想着自己将来也有可能被以同一方式审查。根据相互报复的道理,在一个竞争不充分的行业里,没有任何一个大型事务所希望以认定对手评审不通过的方式来结下仇敌——特别是在竞争对手有机会报复还击的情况下。①

---

① 〔美〕约翰·C. 科菲:《看门人机制:市场中介与公司治理》,黄辉、王长河等译,北京大学出版社,2011,第197~199页。

"看门人"市场竞争不充分是一个长期存在的现象,在这一条件下,作为个体的"看门人"会以自身利益最大化的行动逻辑进行行为选择,是否选择与其他作为个体的"看门人"进行合作共谋是各利益主体长期博弈的结果。经过"看门人"群体长期的利益博弈和新个体逐渐参与到博弈行为中,通过自治机制,市场竞争程度会向着充分的方向发展,但这需要一个漫长的过程,而现阶段市场竞争不完全的局面是客观存在的,其危害性也是显而易见的,因此有必要借助公权力对其进行干预。证监会作为我国资本市场的强力监管部门,在这一问题的解决上起着至关重要的作用,具体措施在后文中会有详细论述。

第四章 证券市场中介机构角色冲突的类型化阐释

　　类型化乃是通过弥补抽象概念的不足掌握多样的生活现象与各异样态的一种社会科学研究手段。① 类型化不同于简单列举。类型化虽然要列举，但类型的构建，主要是为找出某类行为或现象的共通因素，并加以总结表达，构成社会科学中的类型。类型化的主要方法是提炼、抽象和概括，是将具有相同特征的事物归纳为同一类别的过程。② 通过类型的构建能够更好地找出一类行为的共性特点，针对该类行为的共性提出的解决对策，相较于分散式、单一性的问题解决方案会更有效率和效果。本章将在第三章对证券市场中介机构组织、上市公司及投资者三方主体关系梳理的基础上，将证券市场中介机构的角色冲突类型化为基于委托合同法理的角色冲突与基于二重业务交错的角色冲突，对每种冲突类型的成因与具体形态给予充分论述，为本书第五章角色冲突的抗制路径提供清晰、明确的指向对象。

---

① 舒国滢等：《法学方法论问题研究》，中国政法大学出版社，2007，第449~454页。
② 王利明：《论侵权责任法中一般条款和类型化的关系》，《法学杂志》2009年第3期。

第一节　证券市场中介机构基于委托合同法理的角色冲突

一　委托合同的契约伦理

契约伦理作为伦理的一种形式，是历史发展与社会进步的产物，契约伦理的兴起与商品经济的发展密不可分。正如恩格斯所说："人们自觉地或不自觉地，归根到底总是从他们阶级地位所依据的实际关系中——从他们进行生产和交换的经济关系中，获得自己的伦理观念。"① 所谓契约伦理，是指契约订立双方在达成充分合意基础上订立契约后，双方应该彼此尊重契约内容，重视履行过程中契约双方权利的实现和义务的承担，并且准确把握契约双方履约行为的边界。

如前文所述，中介机构组织与上市公司之间的合同类型应该被识别为委托合同。我们认为委托合同的契约伦理要求被委托方按照合同约定，在接受委托时，即在委托合同双方合意形成、合同成立之时，为委托方利益最大化而忠实履行合同义务。

自中介机构组织与上市公司签订委托合同之时起，双方之间的委托关系即告成立。按照委托的法理，中介机构应该全心全意为上市公司的利益考量和服务；同时按照合同相对性原理，合同的权利义务指向的是签订合同的当事双方，与合同双方主体之外的第三方并不发生关系。那么从合同原理层面看，在此类合同中，中介机构唯一的服务对象就是上市公司，而不包括任何第三方。委托合同的契约伦理虽然要求被委托人

---

① 《马克思恩格斯选集》（第3卷），人民出版社，2012，第470页。

以委托人的利益最大化为其价值追求和行为考量的重要因素,但是被委托人的行为也有法律所预先划定的边界,即合法性标准。只有在不违反法律规定的情况下,被委托人为委托人利益最大化所做出的行动才是受到法律认可和保护的。一旦超出了法律规定的合法范围的边界,便会出现违法状态,在这里法律的强制性规定要超越契约伦理要求,具有优先性。例如在刑事辩护中,律师作为犯罪嫌疑人的被委托人,其行动要以犯罪嫌疑人利益最大化为价值追求,即使发现了犯罪嫌疑人的其他违法行为(除准备或正在实施危害国家安全、公共安全以及严重危害他人人身安全的犯罪之外),基于委托合同伦理的要求也不能对其进行举报。但是如果犯罪嫌疑人要求其律师通过制造伪证等手段为其脱罪,这样的行为便会使律师触碰到法律的边界,陷入违法的状态,受到法律的否定性评价。

　　现实中,证券市场的复杂情况超越了委托合同中二元主体的常态,演变成了中介机构组织、上市公司与投资者三方主体的复杂交易结构。证券市场上的真实情况是,广大投资者缺乏专业的法律和财务知识,而其获得的据以做出投资决策的唯一信息,就是经过中介机构把关和检验后上市公司所披露的信息,这就形成了中介机构在资本市场的执业过程中的另一重角色,即资本市场投资者利益的忠实守护者。中介机构的这一重角色是由证券法赋予的法定角色。按照证券法的要求,中介机构在资本市场上所出具的审核性文件必须具备真实性,从而为广大投资者提供正确的信息指引。[①] 在这种情况下,证券法便为中介机构在资本市场

---

① 《证券法》第163条规定:证券服务机构为证券的发行、上市、交易等证券业务活动制作、出具审计报告及其他鉴证报告、资产评估报告、财务顾问报告、资信评级报告或者法律意见书等文件,应当勤勉尽责,对所依据的文件资料内容的真实性、准确性、完整性进行核查和验证。

的活动范围设定了边界，即合法性标准。一旦中介机构违反法律规定，发布虚假的审计报告和法律意见书，或是与上市公司合谋为其造假行为推波助澜，必将对资本市场广大投资者的利益造成严重损害。因此接下来我们需要分析资本市场中是否存在让中介机构违反委托合同伦理，导致角色冲突，但并没有违反证券法的法定义务的情形。如果证券市场中的确存在上述情况，这便是中介机构的角色冲突的本质所在，也正是本书所研究的课题。

二 会计争议与法律政策的模糊地带

资本市场现有规则自身存在模糊性，并且经常存在较为宽松的解释空间，导致适用中的不确定性。对于同样的一个规则，不同主体能够解读出不同的意涵，而有权解释的主体对此种模糊的状态并没有做出权威的解释，这便导致在适用规则之时出现了多种不同的理解，无论怎样理解这个模糊的规则，都不会出现违反法律的情形。在这种情况下，便需要证券市场中介机构以自身的职业和经验判断来诠释该规则如何适用才能保证在这种规则适用的灰色地带不会发生违法行为，此时中介机构对于具有争议的规则解释便存在是将该模糊规则朝着有利于上市公司方向进行解读，帮助上市公司在法律允许的范围内实现利益最大化，还是以保护投资者利益为中心解释规则的价值取向选择问题。无论这两种中的哪一种做法，都是中介机构在法律允许的范围内对既有规则的灵活适用，都会带来中介机构的角色冲突。具体而言，在证券市场中，证券会计师对于会计争议，可以依据其职业素养对该规则进行判断并执行；同样，证券律师在对上市公司尽职调查出具法律意见书的过程中也存在规则不明、解释性文件不足情况下的选择性适用问题。本部分将分别论述资本市场中的会计争议与法律政策的模糊地带。

第四章 证券市场中介机构角色冲突的类型化阐释

（一）证券市场中的会计争议

与其说会计本身是一门精确的科学，不如说它是一门技艺。在会计执业过程中，涉及大量的专业问题，这些都需要会计行业从业者通过自身知识和技能进行主观判断。既然涉及会计从业者的主观判断，就必然会出现对同一规则理解的分歧。尤其在经济飞速发展的今天，公司业务日益精细复杂，业务类型多样化导致作为证券会计师审核公司业务依据的会计准则无法满足公司业务创新的需要，对许多新的交易形式和新的业务，现有准则出现了空白地带。而制定准则并对其具有解释权的财政部门，并没有对准则做出适时的解释和补充，因此对于经济业务的会计处理便出现了不同的处理方式。采用任何一种处理方式都不违反法律的规定，那么究竟应该采用哪一种方式来处理上市公司在证券市场中的财务问题呢？这就会产生证券市场中的会计争议问题。

以我国上市公司的会计处理为例进行分析，能够很好地说明会计争议[1]问题。我国的会计准则制定过程是一个不断与国际接轨的改革过程，不论是上市公司还是专业的中介机构都需要不断更新知识和技术。虽然在 2006 年，新的会计准则和审计准则已经基本建立完成，但是新准则对上市公司财务处理方式带来的冲击是不容小觑的。新准则采用了新概念和新的会计处理方法，并且不同主体对准则中有些文字表述存在理解上的分歧，导致上市公司财务信息处理方式不统一和缺乏可比性，最终对证券市场投资者的投资决策等行为选择

---

[1] 关于会计争议的相关论述具体参见刘燕《从财务造假到会计争议——我国证券市场中上市公司财务信息监管的新视域》，《证券法苑》2012 年第 2 期。

造成误导。① 如果要求按照统一的准则进行财务信息发布，则没有权威解释主体对该问题进行回应，究竟按照谁的认识来对准则进行统一呢？是上市公司对准则的理解意见，抑或是证券会计师的理解意见，还是监管部门的理解意见呢？这又会衍生出会计准则解释权的配置和适用问题。按照世界通例，会计准则是由财政部门制定的，财政部门是应然的解释权行使主体。只有美国具有例外规定，即 SEC 作为证券市场的监管方，对于涉及证券市场的会计准则模糊之处具有法定的解释权。美国《1933 年证券法》第 19 条（a）规定：委员会有权制定与证券发行相关的信息披露文件的监管规则，定义所使用的会计方面、技术方面和交易方面的术语，明确在资产负债表和损益表中披露的项目和内容，规定编制报告、评估资产和负债、区别折旧和损耗、区别经常性与非经常性收入、区别投资与经营性收入等所使用的会计方法。

除美国赋予了证券监管机关准则解释权之外，大部分国家都把准则的解释权赋予其制定主体，即财政部门。但是问题在于证券市场中出现的准则适用争议最容易被证券监管部门发现，财政部门作为非证券监管部门，往往不会对该争议予以足够重视。有时会计处理事项很可能不是特别重要，又或者没有激烈到足以引起财政部门的重视，财政部门并不急于对争议做出澄清，最终该事项还是要由负责上市公司财务报表审计的证券会计师进行专业判断。或者出现了某些特定的交易事项，对应的是证券市场中的全新交易类型，此时既存的准则中没有规定与之相对

---

① 例如上市公司利用会计准则中关于计提坏账准备的相关规则来虚增其会计利润。具体而言，上市公司因为其交易相对方的信用和财务状况下降而将应收账款大比例计提坏账准备，造成公司会计利润下降；次年在公司年报发布之前，又以对方公司财务状况和信用状况好转为由，人为地将坏账准备回调，转为公司应收账款，提高收入利润，进而粉饰其财务报表。

应,作为准则制定机关的财政机关,此时便缺少针对个案争议的解释动力去完善准则。但是这种准则模糊情况的存在,会给负责上市公司审计业务的证券会计师以自由操作的空间。因为在现有规定出现灰色地带时,针对一个具体问题,证券会计师既可以坚守其资本市场"看门人"的职能,也可以在法律允许的范围内将准则向着有利于上市公司的方向进行倾斜性解释,无论怎样解释都是基于证券会计师的专业判断和技能。这样就给资本市场的信息披露留下了极大的人为操作空间,致使上市公司信息披露失真,给广大投资者带来损失。关于这一问题,笔者将在后文中进行更加具体的论述。

(二) 证券市场中法律政策的模糊地带

与证券市场中会计准则解释存在争议相对应,证券律师据以执业的资本市场信息披露的相关法律法规也存在一定的模糊地带。模糊地带存在的原因在于,经济业务迅猛发展,新的交易形式和类型不断出现,但法律的发展存在一定程度的滞后性,这导致了资本市场法律规定无法与上市公司的业务类型同步更新。在这种情况下,当一个具体问题出现时,现有资本市场法律只做出原则性规定,而并没有做出针对该问题的细化规定,这时则需要证券律师根据其专业技能对该问题进行判断,这种判断的权利是证券法通过立法的形式赋予证券律师的。按照证券法的规定,证券律师对上市公司的业务信息进行审核,通过出具法律意见书的形式来确保上市公司所披露信息的真实性,而现行法律规定又无法具体判断上市公司的该种情况是否合规,此时便需要证券律师依据其专业知识和技能做出判断。这便导致了资本市场法律与政策模糊地带的存在。

资本市场中最为常见的首次公开发行股票(IPO)业务的规定可以视为这一情况的典型例证。中国证监会于2009年发布了《首次公开发行股票并在创业板上市管理暂行办法》，该文件的第二章发行条件部分的第11条规定：申请首次公开发行股票需要发行人的注册资本已足额缴纳，发起人或者股东用作出资的资产的财产权转移手续已办理完毕；发行人的主要资产不存在重大权属纠纷。该条规定的是关于发行人注册资本足额缴纳的问题，其中发行人主要资产不存在"重大权属纠纷"应该做何解释呢？何谓"重大"？权属纠纷达到何种程度才能算得上重大纠纷？同时，何谓"主要资产"？资产的重要性达到何种程度才能符合主要资产的标准？又如该文件第15条规定：发行人依法纳税，享受的各项税收优惠符合相关法律法规的规定；发行人的经营成果对税收优惠不存在严重依赖。在该条的理解上就会发生模糊的情形，究竟多大程度的依赖才能算是严重依赖？这些都是能够体现资本市场法律模糊性的条款。这些条款的模糊会给上市公司和投资者带来严重的问题。对于上市公司而言，如果这个程度的标准定得过低，假设依赖程度超过15%就算严重依赖，或者权属纠纷程度很轻便构成重大权属纠纷，则上市的要求过于严苛；反之，如果上述这些问题的标准过高，则会出现即使上市公司对于税收优惠严重依赖或者存在重大权属纠纷，也不影响其在创业板市场发行股票的情况，这样无疑将投资风险转嫁给了广大投资者。法律对于这样一个较为重要的问题并没有给出确定性的答案，作为证券法具体操作指引的中国证监会规范性文件也没有对该问题列明具体的操作标准，说明该问题是较难类型化和标准化的，这就需要在个案中进行把握。在这种情况下，法律将对此问题的判断权利赋予证券律师，通过其职业判断对这些问题进行把握。无论证券律师对这一问题怎样判断，是倾向于维护上市公司的利益设定相对较高的标准，抑或是倾向于维护投资者的利益设定较低的标准，都是基于其职业知识和技能的判断，都是得到法律许可的。正是法律的这些模糊性条款和空白地带的存在，给予了证券律师根据自身知识和主观意志自由裁量的较大空间，进而发生了本书所提出的中介机构角色冲突问题。

三 委托合同下中介机构的角色冲突

上文我们已经分析了委托合同的契约伦理，即被委托人要在法律许可的范围内以委托人利益最大化为其行为的价值取向，从事委托事务。这就说明，在委托合同下，只要被委托人行为在法律许可的范围内，其争取委托人利益最大化的做法就是法律所允许的。本书第三章已经将证券市场中介机构组织与上市公司之间的关系识别为委托合同关系，那么基于委托合同的法理，证券市场中介机构就必须以上市公司的利益为其行动的价值取向和考量因素。但是需要注意的是，中介机构以上市公司的利益最大化为出发点，其行为必须在法律的框架内，如果触犯了法律的规定，超越了法律许可的范围，则会受到法律的处罚。

一方面，中介机构基于委托合同的契约伦理要对上市公司负责，以其利益最大化为行动的价值取向；另一方面，按照证券法对中介机构的要求，证券市场中介机构在资本市场中的任务便是扮演"看门人"的角色，通过自身的专业知识和业务技能甄别和纯化资本市场中上市公司的信息披露，确保市场交易信息的真实性，进而保护投资者的利益。以证券律师为例可以很好地说明中介机构的角色冲突问题：与以维护客户利益为己任的普通律师不同，证券律师除对其委托人利益负责之外，还需要对证券市场的投资者负责，承担资本市场"一线监管者"的职责，当委托人利益与投资者利益发生冲突时，具有双重身份的证券律师就会面临如何平衡二者关系的困难。①

在委托合同的权利义务的框架下，证券市场中介机构的角色冲突在

---

① 郭雳：《我国证券律师业的发展出路与规范建议》，《法学》2012 年第 4 期。

资本市场的场域表现为，在会计争议及证券市场法律法规存在模糊地带或者争议的情况下，针对这些模糊地带及争议，中介机构依据其专业技能和职业判断，做出有利于上市公司抑或投资者的判断。也就是在现行会计准则或者证券法律法规存在理解和适用不确定性的情况下，无论作为中介机构的证券会计师和证券律师对这些会计政策和法律政策做出怎样的理解，都不构成违法行为。因为证券法通过授权中介机构出具审计报告和法律意见书的形式，将判断这些争议问题的权利赋予了证券市场中介机构。在这种情况下，中介机构在处理会计争议和证券法律法规模糊地带或争议问题上便具有了很大的操作空间，既可以基于委托合同的职业伦理，以其雇主利益最大化为行动取向，对争议性问题和模糊地带采取相对宽松的解释，以维护上市公司的利益；又可以严格按照证券法的要求，对争议性问题采用严格尺度判断，进而保护广大投资者的利益。

证券市场作为一个高度专业化的资本筹集的场域，是各种利益和权利直接交锋的地带，作为监管规则的会计准则和证券监管相关法律法规易被最大限度地滥用。上市公司作为资本筹集方，会穷尽各种手段和方式为自身筹集资本。而广大投资者作为投资方，都希望自身的投入保值增值，会时刻关注上市公司的最新动向，担心自己受到欺诈。因此，资本市场信息披露的真实性变得异常重要。在一定意义上，上市公司与广大投资者二者的利益是存在博弈和对立的，二者利益的非一致性是当下资本市场的常态性存在。证券市场中的虚假陈述、信息披露非真实性等违规行为便是二者利益对立的一个明显表征。而证券市场中介机构基于委托合同的法理，需要以上市公司的利益最大化为目标，为其服务；同时，按照证券法的要求，作为资本市场"看门人"，需要对广大投资者负责，为其服务。这便出现了中介机构作为一方主体，为投资者和上市公司这两个利益冲突的主体同时服务的情形，即中介机构一个主体分饰两个角色,并且这两个角色是相互对立的,由此便形成了本书所论述的证券市场中介机构角色冲突的严重问题。

以证券会计师为例能够更好地说明中介机构基于契约伦理所产生的角色冲突问题。在契约伦理视域下考察证券会计师的角色冲突问题,实质是要考察在不违反法律强制性规定的前提下,证券会计师利用会计争议或者会计准则的不确定性,为实现委托人利益最大化,对上市公司账务进行技术性会计处理,使其报表体现出较强的盈利能力问题。但是上市公司真实的盈利能力和水平是既定的,这种看起来相对"漂亮"的财务报表是证券会计师对会计争议和准则模糊的漏洞进行处理的结果,这样做虽然不违反资本市场监管法律的强制性规定,但是无疑会损害广大投资者的利益。这样的情况便使中介机构出现了严重的角色冲突问题。当然,随着资本市场逐渐发展和完善,证券会计师在合法范围内粉饰报表的能力也在逐渐增强。与会计争议有密切关联的是西方资本市场会计界经常使用的盈余管理(earnings management)的手段。盈余管理是指在不违反法律明文规定的前提下,通过会计政策的选择以及关联交易等非会计手段,调节企业的利润数据,使之符合企业以及企业管理人既定目标的行为。[①] 该手段与财务造假相比要高明许多,且最为重要的是,盈余管理属于证券会计师行走在法律边缘进行会计处理的技能,它涉及的会计处理和会计政策的选择往往都落在了法律的灰色地带,比如会计准则不太明确,或者缺乏直接适用的准则,或者不同主体对准则的解释有分歧的地方,因此不会涉及违法行为的发生。作为一种技术手段,它所涉及的准则规定没有细化,在存在会计争议的情况下,会计处

[①] 参见刘燕《从财务造假到会计争议——我国证券市场中上市公司财务信息监管的新视域》,《证券法苑》2012年第2期。

理上会出现存在诸多不确定性因素的主观判断，这些判断都需要建立在证券会计师职业技能和专业知识基础之上，也正是这些不确定性因素为公司提供了粉饰财务报表的机会。还有一种情况是，证券会计师作为资本市场"看门人"，是公司上市披露的财务信息的主要审核者，从事职业审计的证券会计师可以选择认可公司既存的盈余管理策略，也可以选择不同意其既存的盈余管理策略，无论选择认可与否，都不会涉及违法行为的发生，因为法律将这一问题的甄别权利赋予了证券会计师。在此种情况下就会发生证券会计师的角色冲突问题。

第二节　证券市场中介机构基于二重业务交错的角色冲突

在资本市场中，通常有两个领域的业务由中介机构开展，即证券法要求的审核类业务和基于上市公司与中介机构组织之间合同关系所形成的咨询类业务。在这两种业务类型下，中介机构有不同的角色定位，按照每种角色定位，其都会对应一定的行为评价尺度。基于委托合同的法理和证券法法定义务的要求，这两重角色是相互冲突的存在样态。在我国当前的证券监管体制背景下，同一中介机构往往既承担审核类业务，同时又承担同一家公司的咨询类业务。审核类业务与咨询类业务对于中介机构的要求自身就存在彼此矛盾、相互冲突之处，因此同一中介机构在这种二重业务交错的背景下很自然地形成了中介机构的角色冲突问题。本部分先分别论述审核类业务和咨询类业务下中介机构的角色定位，之后再论证在此种二重业务交错背景下，基于职业伦理和法定义务所形成的角色冲突必然发生在证券市场中介机构的执业过程之中。

第四章　证券市场中介机构角色冲突的类型化阐释

一　审核类业务下中介机构的角色定位

所谓审核类业务,是指证券市场中介机构按照证券法及相关证券监管规则的要求,在资本市场中接受上市公司的委托,对其财务信息和业务信息进行审计与核查,分别出具审计报告和法律意见书,进而确保其信息披露真实性的一种中介机构执业行为。资本市场的运作效率来自证券价格对于新的信息能够迅速做出反应,这也是现代证券监管的基石,因此经过中介机构审核的真实信息披露在资本市场中会产生重要影响。[①] 按照前文所述,证券市场中介机构对上市公司信息披露展开的审核类业务通常涉及上市公司、中介机构组织与投资者三方主体之间的复杂关系,在此复杂关系中衍生出的契约伦理与法定义务的交互式结构无可避免地使中介机构陷入角色冲突的两难境地。

在接受了上市公司委托后,中介机构组织与上市公司之间的委托关系正式形成。如前文所述,依照委托合同的法理,中介机构需要以上市公司利益最大化为其行动的目标。证券律师和证券会计师要在尽职调查的基础上,分别对上市公司 IPO 过程中的业务信息和财务信息以及证券法要求上市公司发布的年报、半年报中的业务信息和财务信息的真实性进行审查,在审查过程中如果发现相关信息不真实,则针对此类问题不能主动披露,只能选择对上市公司进行信息反馈,提出整改和修正意见。而按照现行资本市场法律法规的相关规定,中介机构虽然由上市公司选任,但是其角色定位是监督上市公司信息披露行为,进而使资本市场的广大投资者能够获取真实的交易信息,做出自身的行为选择。通常

[①] 参见 R. J. Gilson and R. H. Kraakman, "The Mechanisms of Market Rifficiency," *Virginia Law Review* 70 (1984): 549, 转引自〔英〕艾利斯·费伦《公司金融法律原理》, 罗培新译, 北京大学出版社, 2012, 第 431~432 页。

情况下，上市公司会为了其股价的上升以及在资本市场筹集到更多的资金而发布虚假的信息甚至粉饰公司业绩，欺诈资本市场广大投资者，这就需要专业的中介机构通过审核类业务发挥"看门人"的作用。

中介机构审核类业务的另一重业务结构是基于证券法赋予中介机构的法定义务所形成的中介机构与投资者之间的关系。按照证券法的要求，证券市场中介机构应该依靠自身的专业知识和业务能力，纯化资本市场交易信息，为广大投资者守好资本市场的大门，确保其获知的信息都是真实的。尤其是在当下资本市场的场域中，上市公司的价值目标与广大投资者的利益诉求存在严重的背离和相当程度的对立，因此证券法才设置了中介机构负责确保资本市场中上市公司信息披露真实性的义务。

在审核类业务中，中介机构的角色定位是依照证券法的要求，作为资本市场"看门人"，以其专业知识和业务技能对上市公司信息披露进行审核，纯化资本市场的信息，最大限度地确保信息的真实性。以证券律师为例，SEC 对证券律师的描述为："执行证券法的任务在非常大的程度上落在了律师的双肩上……编制证券发行说明书的律师所承担的义务远不是盲目复制委托人的思想……其在资本市场中所发挥的作用更像是审计师而不像辩护人。"[①] 从这个意义上而言，中介机构的角色定位是资本市场广大投资者利益的守护者。广大投资者作为普通民众，对于证券市场的专业知识仅仅是一般性了解，并未做到真正的理解和掌握，同时由于专业技能的缺乏，根本无法甄别披露的信息的真伪，更无从发现经过上市公司所聘请的专业机构刻意"包装"过的公司财务信息和

[①] 〔美〕路易斯·罗思、乔尔·赛里格曼：《美国证券监管法基础》，张路等译，法律出版社，2008，第 1033 页。

业务信息所存在的漏洞。在这种情况下，尤其是在上市公司与投资者知识、能力不对等以及资本市场信息严重偏在的情况下，有必要通过法律赋予中介机构资本市场"看门人"的角色来保证上市公司信息披露真实，进而保护广大投资者的利益。

另外，基于委托合同，二者之间还存在委托与被委托的关系。前文已经论述在此种委托关系的背景下，中介机构执业活动的一个基本的行为取向便是为上市公司的利益服务。虽然证券法规定了中介机构需要维护广大投资者的利益，但是按照委托合同的法理，中介机构也要为上市公司的利益服务；同时按照前文的论述，公司上市的目的是在资本市场中最大限度地融资，通常情况下其与广大投资者的利益存在背离或者对立。在这种情况下，中介机构便出现了前文中所述及的委托合同下的角色冲突问题。在此种冲突中，中介机构能够在法律没有强制规定的情况下，为上市公司的利益筹谋，例如合理利用会计争议和准则模糊等情况，但是一旦超出这个范围，则会出现违反法律的情况。但是如果按照证券法所设定的义务，即使在法律未加禁止的范围内，中介机构在审核类业务中也应该为投资者的利益而非上市公司的利益服务，在审核类业务中其角色定位应该是资本市场"看门人"，是广大投资者利益的守护者。当然，这种在审核类业务领域作为广大投资者的"看门人"和利益守护者的角色定位是笔者在经过逻辑分析和法律推理后所得出的结论。

这种将证券市场中介机构在审核类业务中设置为资本市场"看门人"和广大投资者利益忠实守护者的角色定位，能够得到学理上和立法实践上的双重印证。在学理层面，本书反复强调证券市场作为一个高度专业化和复杂化的资本筹集场域，信息偏在甚至失真是其最为显著的一个特征。同时，作为证券发行方的上市公司与作为证券买受方的投资者，在专业知识和自身能力方面相差很大，投资者没有足够的能力去对抗上市公司的非善意行为，尤其是对于上市公司花费重金聘请专业法务和财务团队进行"包装"后披露的信息，广大投资者是不可能发现信息瑕疵或者虚假问题的。但是上市公司在资本市场上披露出来的财务和业务信息是广大投资者重要的参考资料以及理性行为选择的基础，因此信息的真实性对于广大投资者而言至关重要。此时便需要一个专业的、公正的并且有足够能力的第三方，通过专业的判断来为广大投资者甄别上市公司披露信息的真伪，在最大程度上保护投资者利益，因此在学理层面，我们能够论证出，证券市场中介机构审核类业务中的角色定位应该毫无争议，即资本市场"看门人"与广大投资者利益的忠实守护者。

学理层面的论证只能说明这样的角色定位是一个法律设置的应然状态，只有在实践中得到立法层面的制度支撑，才能够完全确证审核类业务中证券市场中介机构角色定位的正确性。那么接下来我们可以从立法的角度以及立法者在立法之初的考量，来论证这一角色定位。在前文论述部分，我们已经涉及相关的证券法法条，在此不再重复列举。考察这些法条不难发现，资本市场高度发达的美国通过《1933年证券法》《1934年证券交易法》以及SEC相关监管规则，明确规定了证券发行和后续交易中需要提供证券律师和证券会计师等专业的中介机构出具的法律意见书和审计报告，我国《证券法》也规定了在IPO及后续的证券交易过程中必须有中介机构出具相关的文件，才能够使交易顺利进行。中外证券市场立法层面的共同选择说明立法者在立法之时所面临的问题具有趋同性和共通性，或者说这一问题是所有资本市场立法者都需要面对的问题，即上市公司与资本市场广大投资者能力水平和地位的差异非常明显，需要第三方中介机构在资本市场中承担保护投资者的角色，进而增加投资者一方的力量，最终达到资本市场交易结构的平衡以及三方

第四章 证券市场中介机构角色冲突的类型化阐释

主体相互制衡的局面，保障资本市场长期、有序、健康地发展。基于以上论述，我们可以清楚地看到在审核类业务下中介机构所应当承担的角色是资本市场"看门人"与广大投资者利益的忠实守护者。

二 咨询类业务下中介机构的角色定位

在复杂和专业的证券市场中，证券市场中介机构除从事审核类业务以外，还从事对上市公司的咨询类业务。所谓咨询类业务，是指上市公司为了使自身的业务行为和财务数据符合证券法规定的要求，通过支付顾问费的方式聘请会计师事务所和律师事务所作为其财务顾问和法律顾问，帮助其进行业务处理，使其财务信息和业务信息都能够满足证券法所规定的资本市场信息披露要求，或者是在法律的空白和模糊地带帮助其处理财务信息和业务信息，使其在资本市场上对广大投资者更具有吸引力的一种业务类型。

相较于审核类业务，证券市场中介机构开展的咨询类业务的内部结构要简单许多。在咨询类业务结构中，只涉及上市公司和中介机构两方主体的关系。证券法及其他相关法律并没有禁止该类型业务，也就是说法律是允许该类型业务存在的，在咨询类业务中，证券市场中介机构是不需要对资本市场广大投资者负责的。那么对该类型业务的交易结构进行解析可以发现，中介机构的咨询类业务的交易结构无外乎上市公司与中介机构组织之间的委托关系。双方签订了针对公司日常法律和财务服务的委托合同，按照委托合同的法理来进行该类业务的运作。上市公司为了其在资本市场中发行证券以及信息披露合规，预先聘请有丰富经验的证券律师和证券会计师对其公司的业务资料和财务资料进行合规建设，并且对其业务进行规避法律制裁的预先处理。这些专业技术手段的处理，使上市公司在信息披露之前便将其披露文件中不合规的部分处理掉或者进行合规化处理，对上市公司在资本市场中的业务开展起到了积极的助推作用。

在中介机构对于上市公司的咨询类业务中，中介机构的角色定位不同于审核类业务中的广大投资者利益的忠实守护者，而是转变成了上市公司利益的坚实维护者，其开展业务的唯一目的便是确保和增进上市公司在资本市场中的利益。这样的角色定位是基于委托合同的契约伦理即合同相对性法理所设定的。前文已经论述过，委托合同所要求的契约伦理是被委托方在法律允许的范围内，以委托方的利益最大化为自身行动的终极价值追求。上市公司作为委托方，在资本市场中的最大利益诉求便是融资效果最佳，尽可能多地在资本市场发行证券进行融资，但是鉴于证券法对于证券发行和信息披露要求的严格性，以及诸多的细化规则，上市公司的某些指标可能无法达到要求，但是为了证券顺利上市发行，上市公司可以借助中介机构的力量帮助自身进行合规化运作，达到监管方所要求的证券发行和信息披露的要求。此时中介机构按照委托合同需要做的便是通过自身的专业化知识和业务技能对上市公司的业务信息和财务信息进行技术化处理，使其达到监管方所要求的状态，进而达到顺利发行证券和后续的信息披露的标准。另外，基于合同相对性原理，在该委托合同中，只涉及上市公司与中介机构组织这两方合同主体，且该类委托合同又不属于涉他合同，同时法律对于该类合同和业务类型又不存在某些特殊的禁止性规定，在该类型业务中只需要中介机构以上市公司的利益最大化为其最终的行动依据就可以。因此，可以认定，在咨询类业务中，中介机构的角色定位并不是审核类业务下的广大投资者利益的忠实守护者，而是上市公司利益的坚实维护者。

三　二重业务交错背景下中介机构的角色冲突

角色冲突之所以能够出现，一个根本原因是同一行为主体同时承担

第四章 证券市场中介机构角色冲突的类型化阐释

两种不同的角色,且这两种不同的角色代表着相互冲突的两方利益主体,这必将给该行为主体造成深刻的角色冲突。上文我们已经论述过证券市场中介机构在审核类业务中承担的角色是广大投资者利益的忠实守护者,而在咨询类业务中所承担的角色是上市公司利益的坚实维护者。鉴于资本的逐利本性,在证券市场中,上市公司与投资者之间在利益诉求和行为价值取向上存在深刻的背离与冲突。中介机构作为证券市场的第三方主体,在双重角色的作用下,同时为上市公司和投资者这两方对立的主体服务,必然发生角色上的激烈冲突,进而出现其在证券市场上执业行为的异化,最终导致损害投资者的利益。反观证券市场的实践不难发现,同一中介机构为同一上市公司服务,既为其做审核类业务,又承担起该公司的日常咨询类业务,即二重业务交错的情形比比皆是,这便使中介机构角色冲突变成了证券市场的常态化存在。

在这种二重业务交错背景下,中介机构的角色冲突出现并且能够在证券市场长期存在并非无源之水、无本之木,而是有深刻的人性层面与制度设计层面的原因。正是这些原因的共同作用,才促使中介机构的角色冲突在证券市场常态化存在。归纳而言,二重业务交错背景下证券市场中介机构角色冲突的成因在于以下几点。

第一,制度供给侧并未禁止二重业务交错情形的存在。我国证券法中只是规定了公司在资本市场拟上市时必须提交由中介机构出具的审计报告和法律意见书,并且按照我国现行证券发行审核体制,需要由拟上市公司自行聘请中介机构对其业务信息和财务信息披露进行审核。法律并没有规定上市公司不能聘请中介机构对其进行咨询类服务,最为重要的是法律对同一中介机构向同一公司既开展审核类业务又开展咨询类业务的情形并未加以禁止,这就导致了同一中介机构对其服务的上市公司既开展审核类业务又开展咨询类业务这种二重业务交错情形的发生。在美国安然公司财务造假案对资本市场造成了巨大冲击后，美国证券立法层反思了出现问题的原因，认识到这种同一中介机构二重业务交错情形的存在是一个重要原因，因此在其颁布的被称为最严格资本市场监管法的《萨班斯法案》第201条中，明确禁止了中介机构在从事审核类业务的同时还为上市公司提供咨询类服务的这种二重业务交错的情形。① 经过《萨班斯法案》的禁止，在制度供给侧切断这种业务交错的可能性，从根本上避免了中介机构的角色冲突。而我国目前并没有从立法上禁止同一中介机构同时为同一公司提供审核类服务与咨询类服务，因此这是我国证券市场中介机构存在角色冲突的一个重要原因。

第二，咨询类业务的高额利润刺激中介机构主动作为。与审核类业务相比较而言，咨询类业务的收入会呈几何级数提高，且审核类业务通常都是一次性业务，如果公司上市成功，中介机构的审核类业务便会就此结束，其服务费用一般也是一次性给付的。但是咨询类业务与审核类业务有较大的不同，咨询类业务具有长期性，在公司上市之前，中介机构便开展了咨询类业务，帮助拟上市公司为其在资本市场上市做合规性准备。待到公司成功上市之后，中介机构又会以该上市公司常年财务或法律顾问的身份继续为该公司服务，持续收取可观的服务费用。作为理性经济人的证券市场中介机构，都会以实现自身利益最大化为其行动考量，会想尽一切办法对上市公司开展咨询类业务。实践中通常是中介机构在从事审核类业务时，也会借机向上市公司兜售咨询类业务，甚至不惜自身的"声誉资本"，尽全力向上市公司及其管理层示好，帮助其粉

---

① 《萨班斯法案》第201条规定，任何在册的会计师事务所（以及任何由SEC认定的与该所相关联的人员），在为发行人提供审计业务的同时，为该发行人提供如下非审计业务是非法的：(1) 涉及被审计客户的会计记录及财务报表的簿记或其他业务；(2) 设计及执行财务信息系统……(8) 提供与审计无关的法律服务或专家服务……

饰财务信息和业务信息,最大限度地利用会计争议和资本市场法律法规的模糊性,帮助其顺利"包装"上市,以便为日后争取高额利润的咨询类业务做好充分的准备。基于这样的原因我们能够分析出,在证券市场中介机构二重业务交错现象背后,理性经济人基于自我利益最大化考量所做出的行为选择导致了中介机构深刻的角色冲突问题。上市公司作为雇主,有权选择为其进行咨询类服务的中介机构。上市公司往往基于代理成本的考量,对包括职业经理人在内的公司高管给予适当的物质激励,这就需要设计有效的激励合同。关键问题在于,如何将经理人等高管的物质报酬与其为企业的发展所做出的努力联系起来。由于经营管理过程中的努力水平难以观测,人们一般借助最终结果——经理人的贡献来推测其努力程度,这时选取一个正确的衡量指标变得至关重要。公司的股票价格较容易被量化,并且可以相对客观地反映公司的实时业绩情况,因此该项指标通常会被选定作为测定职业经理人努力程度的重要衡量指数。① 在当今高管薪酬激励机制转为股权激励模式的条件下,公司高管都希望自己所持有的本公司股票价格升高,以期获得更大的收益,而在资本市场上,公司股价走高的条件便是其有良好的业绩。因此,为获取利润较高的咨询类业务,出于向公司管理层示好的行为动机,证券市场中介机构往往会在其为上市公司进行审核类业务服务时主动维护上市公司的利益,帮助其粉饰经营业绩和盈利情况,完成合规的信息披露。在这种情况下,其在审核类业务中本应该扮演的资本市场广大投资者利益的忠实守护者的角色,被上市公司利益的坚实维护者的角色所取代。这完全是咨询类业务的高额利润诱发中介机构基于理性经济人的行动逻辑开展业务,导致其在资本市场中行为异化,衍生出二重业务交错背景

---

① 参见张维迎《理解公司:产权、激励与治理》,上海人民出版社,2014,第413~414页。

下的角色冲突问题。

第三，中介市场竞争的非充分性加剧了二重业务交错下的中介机构角色冲突。资本市场作为一个高度发达的专业性和复杂化资金筹集场域，中介机构进入其中执业的门槛相对较高：要具备相关的职业资格，即注册会计师资格或者是律师资格，同时需要具备证券从业资格，还要具备相当高水平的财务知识和法律知识以及丰富的证券相关经验。这就阻却了相当一部分法律或财务专业从业者进入资本市场执业。同时进入资本市场执业的这部分中介机构经过长期对该领域的精耕细作，在资本市场中已经占据自己的"势力范围"。有限的市场业务资源已经被几家成熟的、大型的中介机构组织所包揽。这就会发生证券市场中介机构的非充分性竞争。中介机构的非充分性竞争所导致的一个严重后果就是"强者恒强，弱者渐逝"的恶性循环——大型的中介机构组织近乎垄断了上市公司的审核类业务。一方面，这些实力较强的中介机构组织拥有更多的执业机会，能够得到更多的锻炼以便更好地跟进资本市场的最新业务类型，知识和技能能够得到及时更新；另一方面，那些实力较弱的中介机构组织由于没有执业的机会，其业务水平更难与实践接轨，实力越发羸弱，更加无法与实力强劲的对手竞争，最后导致资本市场的业务基本上被几家大型的中介机构组织把持。上市公司在选取为其服务的中介机构组织时，基于理性经济人自利的行动逻辑，通常会选择声誉较好、规模较大的中介机构组织进行合作，且整个市场的供给情况是只有几家大型的中介机构组织存在，因此这几家大型的中介机构组织之一便会成为上市公司的选择对象，小型中介机构组织则被排除在选择名单之外。同时为上市公司进行审核类业务服务的中介机构组织通常都会向上市公司兜售其咨询类业务。这样，上市公司在可选择的中介机构组织对象较少、与曾经为其提供审核类业务服务的中介机构组织有良好合作两种原因的综合作用下，更加倾向于选择之前为其提供审核类业务服务的中介机构组织为其进行咨询类业务服务。至此，中介机构的审核类业务与咨询类业务二重交错情形得以形成，这种基于中介机构市场竞争非充分性所形成的业务二重交错状况，加速了证券市场中介机构角色冲突问题的发生。

第五章 证券市场中介机构角色冲突的抗制路径

在前四章我们分别探讨了证券市场中介机构角色冲突的本质,描述了中介机构角色冲突的情形,又站在历史研究的角度对中介机构角色冲突的流变问题进行了深层次的梳理,进而从法律层面解释了角色冲突的合同和侵权两个面向,对证券市场角色冲突的本质、成因和内在法律关系有了深入的研究和解构。本章拟在前四章中介机构角色冲突研究的基础上,提出在不同方面采取相应措施,建构中介机构角色冲突的抗制路径,阻却角色冲突的发生,为由于角色冲突遭受损害的投资者提供救济途径。按照本书秉持的理性主义研究进路,笔者坚信市场才是促成行为主体自身行为选择的终极力量,在进行制度选择时应该充分尊重市场交易过程中各方主体的自主行为选择,在各方力量理性博弈的基础上,按照进化论理性主义的路径形成相应的制度选择。同时鉴于证券市场的专业性和复杂性,在考虑进化论理性主义的制度选择路径之余,应该兼顾建构论的制度设计方式,从不同方面分别采取不同的进路对中介机构的角色冲突进行抗制。

本章笔者拟从五方面对中介机构角色冲突的抗制路径展开探讨。第一,在行政监管层面,需要对证券监管部门进行权力配置,通过行政监管的方式，对中介机构在资本市场中的行为进行规制，同时对其违反相应规定的行为进行处罚。按照"不完备法律理论"，政府监管对于经济发展是不可或缺的方面，但是监管的介入条件、方式和程度是我们在进行制度设计时需要注意的。关于"不完备法律理论"在证券监管方面的具体问题的探讨将在后文进行展开。第二，在司法诉讼层面，本书第三章已经将中介机构与投资者之间的关系识别为侵权关系，接下来则需要对投资者侵权之诉的原告资格、侵权责任归责原则、损害赔偿范围的确定以及集团诉讼的设置等问题进行探讨，这些都涉及证券侵权制度的基本问题，对于中介机构角色冲突的抗制有举足轻重的作用。第三，笔者拟从证券中介机构行业自治的角度，对中介机构的角色冲突抗制路径予以探讨。这里将重点探讨行业协会对于其内部成员的处罚权，以及行业自治的条件与方式等问题。第四，笔者在文中还对证券市场出现的新型补偿机制——中介机构组织对投资者先行补偿机制做了探讨，从其正当性、适用范围、具体制度设计以及立法倾向性等方面进行了论述。第五，在本章结尾处，笔者在问题解决机制以外尝试性地提出了构建中介机构角色冲突的预防机制，以期通过良性制度设计将角色冲突消灭于萌芽状态，在最大程度上阻却中介机构角色冲突问题的发生，降低问题解决与制度运行的成本，即从源头上进行治理。

第一节 证券市场中介机构角色冲突抗制的行政监管路径

市场是资源配置的最优场域，有其自身运行的特点与逻辑。在处理政府与市场关系上，应当在充分尊重市场配置资源的决定性作用基础上，在必要情形下遵循政府适度调控的制度逻辑。这是因为在自由的市场中，市场主体能够自主发现最适合自己的行为选择。自由市场的功能就是给它的参与者提供发现利润机会的激励，这对于个体而言有两个意蕴：第一，它能够将个体自由导向作为市场协调性特征的基础和系统性的发现过程；第二，通过为警觉的市场参与者提供利润机会，市场为个体自由提供出口，通过这样的出口，个体自由的精髓可以得到实施和表达。① 按照这样的理论预设，只要立法完善且能够提供明确的行为指引和违反后的惩罚措施，作为市场的参与者，都会以理性经济人的自利目的去进行行为选择，不需要政府进行干预。但是，证券市场是一个高度专业化和复杂化的非普通市场，鉴于其复杂程度、信息偏在和损失的严重性，单纯依靠司法的力量解决中介机构自由行动异化所引发的问题略显单薄和不足。

按照应对金融监管问题的"不完备法律理论"②，也能够证明行政监管对于证券市场中介机构角色冲突问题解决的必要性。按照"不完备法律理论"，对于法律规定的空白地带的剩余立法权，要按照实施成本最小和收益最大的原则在司法部门和监管部门之间进行分配。如果将剩余立法权分配给司法机关，通过司法解释的方式来解决，则需要受害者起诉、举证等一系列相对复杂、耗时的程序，徒增解决问题的成本；相反，如果将这种不明确规则的剩余立法权分配给监管机关，面对复杂的情势，监管机关可以通过事前防御、事中监管和事后处罚的方式来解决

---

① 〔美〕伊斯雷尔·柯兹纳：《市场过程的含义》，冯兴元等译，中国社会科学出版社，2012，第56页。
② "不完备法律理论"是由美国哥伦比亚大学法学院的皮斯托教授和伦敦经济学院的许成钢教授提出的。其主要内容是法律内在是不完备的，其不完备性对于立法和执法制度的设计存在深刻影响。法律的不完备性决定了剩余立法权在立法者、法院和监管者之间的分配。

此问题。一般在两种情况下引入监管者是必要的：其一，在法律特别不完备的情况下；其二，有害行为足够严重，严重到使人愿意支付监管者增加的成本。① 对照这两个条件不难发现，证券市场中介机构角色冲突问题的解决是需要监管机构的公权力之手介入的。其一，目前关于证券市场中介机构的法律规则存在极大不完备性，例如对于如何防止中介机构委托—代理关系异化、中介机构自身的审核机制等都没有明确的规定，同时对于发生角色冲突的中介机构的违规行为的处罚问题缺少明确规定；其二，证券市场中介机构角色冲突对证券市场投资者造成的损害之大自不必多言，因为金融市场具备实体经济的杠杆乘数效应，一旦金融市场出现问题，则会拖垮整个实体经济，因此支付高成本对其进行监管是值得的。有鉴于此，本节拟从证券市场中介机构的行政监管和违规后的行政处罚两个方面对中介机构角色冲突问题进行解决。

一 行政监管方面措施

（一）转变市场付费模式：重构委托—代理关系

按照"理性经济人"思维的分析进路，一切市场参与主体的行为选择都是基于自身利益最大化，也就是说，行为主体的行动逻辑是对自身利益的追求。正如本书第三章已经探讨过的，中介机构选择与上市公司合谋的一个重要原因在于现行证券市场中介服务业务的付费模式错位。如果按照资本市场传统的付费模式（公司聘请中介机构组织并对其付费），作为"看门人"的中介机构的服务对象，就会由基于证券法要

---

① "不完备法律理论"的相关论述参见〔英〕卡塔琳娜·皮托斯《不完备法律（上）——一个概念性分析框架及其在金融市场监管发展中的应用》，许成钢译，《比较》2003年第3辑。

求的应然主体（广大投资者）转变为证券市场业务实践中的实然主体（上市公司）。很显然，这样的制度安排会导致中介机构出具的相关信息（审计报告、法律意见书）不自觉地偏向公司管理层。"看门人"如果被它们所本应该看管的人雇佣，就往往会变成"宠物"，而不是守护者。① 出现此种情况的一个直接后果是会使在资本市场处于绝对弱势地位的广大投资者的利益受到极大损害。

为避免上述情况的发生，应该尝试重构委托—代理关系，使没有利益关联的第三方成为"看门人"的雇主，对中介机构组织付费。在这种情况下，雇主和其雇员没有利益交织，不会要求"看门人"与上市公司合谋出具虚假信息，有利于保证信息披露真实，稳定资本市场发展。但是具备何种条件才最适合成为"看门人"的委托人呢？笔者认为，合适的委托人必须具备的条件是，其行为的价值取向是阻却证券市场的违规行为发生，保护广大投资者的权益以及促进中国证券市场的健康、有序发展。具备这样条件的主体一定不会是私人主体，因为私人主体会不可避免地对自身利益有追求，在这种情况下，可以考虑由政府这一公共利益和公权力的代表者作为中介机构组织的委托人，指派其工作，并且对其支付费用。笔者认为，在我国可以构建由证监会担任"看门人"的委托人模式，由其雇佣中介机构组织并对之付费。具体而言，可以在证监会下设一个专门委员会负责对中介机构组织的雇佣和付费。拟进行 IPO 的公司按照市场价格将其本应该支付给中介机构组织的费用存入证监会指定账户，由该专门委员会管理，同时该专门委员会建立一个动态的律师事务所和会计师事务所名单数据库。每次需要出具相关审

---

① 参见〔美〕约翰·C. 科菲《看门人机制：市场中介与公司治理》，黄辉、王长河等译，北京大学出版社，2011，第 384 页。

计报告和法律意见书时，由专门委员会从该名单数据库中随机抽取或采取招投标方式来确定最终的"看门人"。在这种模式下选出的"看门人"，由于其雇主身份和付费方式发生了变化，不必要也没有内在动力与其监督对象合谋造假，能够自觉履行好"看门人"的职责，这有利于最大限度地维护我国资本市场的稳定。

当然，在此种模式下不可回避地会衍生出另外一个值得注意的问题——证监会专门委员会内部工作人员（以下简称"工作人员"）权力寻租的可能性。这是将证监会作为委托人，设置"隔离墙"措施所必须面对的问题。工作人员手中掌握着证监会对IPO业务市场中介机构组织的选择权，鉴于理性经济人的思维方式，无法保证他们不会利用手中的权力进行寻租。但总体而言，本书所提出的这种重构模式较之现行的传统模式而言，对于规范上市公司外部监督还是具有进步意义的。对这一问题应从以下两个方面进行分析。其一，如何应对工作人员可能发生的权力寻租行为是工作人员行为规制这一课题所涉及的问题，并非本书研究内容。这可以通过加强证监会内部工作纪律、强化内部监督机制和加大工作人员违规处罚力度等措施解决，例如对违规工作人员根据其违规行为的情节和危害后果的不同处以不同的行政处罚甚至追究刑事责任，对其起到震慑作用。其二，虽然重构委托—代理关系，将证监会作为上市公司与"看门人"群体的"隔离墙"这种模式有产生权力寻租问题的可能性，但是这种权力寻租所带来的负面效应远远小于设置这一"隔离墙"之前"看门人"群体在资本市场违规行为所产生的负面效应。在设置"隔离墙"之前，委托人是上市公司，其目标就是迎合资本市场的监管要求，得到由"看门人"群体出具的评价良好的公司相关报告。为了得到满意的报告，上市公司有内在动力与"看门人"群体合谋进行财务和业务信息的造假，这一点已经被近年来频繁发生的触目惊心的资本市场虚假陈述案件所证明。而将证监会作为上市公司和"看门人"群体之间的"隔离墙",能够从三方主体的行为动机上阻却合谋事件的发生。证监会作为我国资本市场的主要监管机构,其根本目标是保障交易信息披露真实,维护资本市场稳定。"看门人"受证监会雇佣,与之形成委托—代理关系,自然也会有动力自觉按照证监会的监管目标从事自身工作,最大限度地维护我国资本市场稳定。

(二) 加大对中介机构不定期检查力度及构建同业举报制度

要想使规则得到有效的执行,无论如何严密的规则设定,都需要受此规则规制的主体不折不扣地遵守该规则。即使规则中对于受控主体不遵守规则的行为设定了严格的惩罚措施,如果缺少一个行为与利益独立于受控对象的主体作为监管者来对受控对象关于规则的遵守情况进行检查,也无法使规则得到有效的执行。按照法经济学的观点,当行为主体(规则的受控对象)违反规则所能获得的违规所得的绝对数大于其违反规则导致规则对其处罚所遭受的损失的绝对数时,按照"理性经济人"的行动逻辑,该行为主体会毫不犹豫地去选择违反既有规则。在证券市场中介机构角色冲突这一问题上,就算作为受控对象的中介机构被禁止对同一公司同时从事审核类业务和咨询类业务,但是如果监管机构不对其进行经常性的检查,且基于证券市场信息严重偏在的情况、市场自身专业化和复杂化以及中介机构活动的频繁性,则中介机构同时对上市公司从事审核类业务和咨询类业务导致角色冲突的情况仍然会发生,这样会对广大投资者的利益造成较大损害。有鉴于此,证监会作为证券市场中介机构市场执业行为的监管者,应该加大对证券市场中介机构执业行为的检查力度,变现有的年度定期检查为不定期检查、突袭式检查,从时间上杜绝中介机构造假应对检查的情况。

具体而言,在检查规则设定上可以分为不定期常规检查和同业举报制度。不定期常规检查,可由作为监管方的证监会组成专门的检查小组,在不预先通知的情况下,随机对资本市场中从事证券业务的中介机构进行检查,重点检查其执业活动中的角色冲突情况,如果发现其违反审核类业务和咨询类业务分离的规则,那么证监会则对其进行处罚,情节严重者可以取消其证券业务的从业资格。同时建立同业举报制度。对于行业内部运作模式以及行业相关信息,最为熟悉的莫过于该行业的从业者自身,证券市场中介机构本身对于该行业内部的运作情况最为熟悉,对于同业竞争对手的相关信息也最为了解。证监会可以通过同业举报发现中介机构在角色冲突问题上的违规情况,这样既省去了检查成本,也能够更好地净化行业环境。前文笔者提及的美国证券监管史上采用的同行评审机制并没有取得很好的效果,读者可能会对此处所设置的同业举报制度产生怀疑。笔者认为,这种怀疑大可不必,同业举报制度与同行评审机制存在很大不同。同行评审是在一个"看门人"高度集中的市场上,所有参与者所评审的竞争对手可能在明天反过来评审自己。在此种环境中,互惠性得以膨胀,彼此都倾向于投肯定票。这就使得同行评审机制形同虚设。而此处所倡导的同业举报制度,是通过匿名或实名方式,在监管机构严格为举报人保密前提下运作的。自始至终举报者与被举报者不会有接触,被举报者也不会知晓是谁举报了自己,所以举报者不会担心被举报者的报复行为。同时对于举报人而言,还能借助监管部门的力量打压同行业的竞争对手,这是对其有利的行为,因此这就为该制度的有效运行提供了激励机制和基础。对于监管机构而言,举报者提供的信息还能够为中介机构角色冲突违规行为的发现提供线索,减少了发现问题的成本,给证券市场中介机构角色冲突的治理提供了便捷、高效的途径。

二 行政处罚方面措施

（一）经济方面的处罚——建立处罚额度与融资比例挂钩机制

我国证券市场中介机构帮助上市公司财务造假使上市公司业绩"变脸"的一个重要原因在于，在现行法律框架下"看门人"群体作为失信主体的失信成本过低。

最高人民法院在2007年发布的《关于审理涉及会计师事务所在审计业务活动中民事侵权赔偿案件的若干规定》（法释〔2007〕12号）是对"看门人"群体的新规。该规定第10条规定会计师事务所针对其执业行为的过失承担与过失程度相当的损害赔偿责任时，先由被审计的单位赔偿，如果不足以赔偿，则由被审计单位的出资人在出资不实的范围内承担赔偿责任。该规定也只是明确了会计师事务所承担补充赔偿责任，也就是说会计师事务所的赔偿责任是非第一位的、补充性质的责任。

与长期从事合谋造假行为所产生的收益比较起来，现行制度下，明显出现了违规收益大于违规成本的情况，并且"看门人"群体违规行为被发现是存在概率的——并非每次违规行为都会被发现，在没有被发现的情况下其会从自身的违规行为中获得巨大收益，而不必付出违规成本。即使"不幸"被监管机构发现其违规，以往违规行为所带来的收益也会远远大于一次违规行为被发现所要付出的违规成本。面对如此低廉的失信成本，任何一个理性经济人都会选择从事失信行为，这也就成为证券市场中介机构与上市公司共谋进行虚假陈述的制度层面原因。

针对这一问题，应该及时修订完善证券法，或者在不能立即修订证券法的情况下,由证监会等资本市场监管部门以部门规章的形式制定相关监管规则——建立处罚额度与融资比例挂钩机制,以提高失信主体的失信成本,切实降低违规收益。具体而言,可以按照以下方式进行制度设计:按照在违规行为中作为"看门人"的证券市场中介机构所获取的业务收入总额比照个人所得税法中超额累进税率的征收模式设立若干档处罚比例,用违规业务收入总额乘以所在档次的处罚百分比,所得结果就是处罚的具体额度,按照超额累进式的处罚模式对参与案件的违规"看门人"群体进行处罚。也就是说,"看门人"的违规业务收入越多,对其处罚力度也会越重。《证券法》第182条对于违规保荐人处以业务收入一倍以上十倍以下罚款的规定使本书所设计的这种处罚理念得到了现行法的实证支撑。只不过《证券法》第182条的规定过于粗糙,自由裁量的弹性空间过大,在审判实务中存在难于把握的操作问题和权力寻租的负面效应。本书所设计的这种根据"看门人"违规业务收入进行超额累进式处罚的模式可以将处罚额度进行定量计算,在一定程度上保证处罚数额的精准性和科学性,同时也在最大程度上降低处罚的自由裁量空间,减少人为操作性,进一步确保处罚的公平公正性。

(二) 声誉方面的处罚——降低违规中介机构的"声誉资本"

"声誉资本"是证券市场中介机构在资本市场中长期从事中介服务工作,通过服务大量客户而积累起来的较高的声誉和市场认可度,这是该职业群体在资本市场从业所赖以生存的基本依托。此类"声誉资本"的维持和增进会使这些中介机构的收益增加,并且"声誉资本"的存在也是"看门人"机制得以运行的基础。"声誉资本"的降低对于"看门人"群体将会产生较大影响,轻则降低其市场认可度,缩小业务量导致收益降低,重则使违规的"看门人"不被市场认可,甚至完全被市场淘汰出局。因此降低违规"看门人"群体的"声誉资本"同样可以起到提高失信主体违规成本的作用。

详言之,可以由证监会建立"看门人"群体动态信用评级体系,借助在该评级体系中的级别评定表征"看门人"群体"声誉资本"的高低。以6~12个月为一个信用评级周期,将"看门人"分为A~C三个信用等级:A级为该评级体系推荐从事"看门人"职业的群体;B级为该评级体系认为可以从事"看门人"职业的群体;C级为该评级体系认为不适合从事"看门人"职业的群体,被评定为C级的"看门人"群体将会从前文提到的证监会IPO业务中介机构组织名单数据库中除名,禁止参与此类业务。该动态信用评级体系的建立,能够有效地从"声誉资本"维持和增进方面来对"看门人"群体的违规行为起到震慑作用,从而提高其违规成本,进而纯化资本市场信息披露,有效降低上市公司失范行为的发生,促进资本市场良性成长和健康发展。

三 对于"监管俘获"问题的简短回应

对于一个民族的物质和精神文明进步来说,国家的政策举足轻重。国家提供的是经济制度赖以建立的秩序构架,而如果没有由国家提供的这种秩序稳定性,理性行为也不可能发生。[1] 对于中介机构角色冲突问题的解决,一个有效的方案就是前文提到的有效的证券市场监管,政府监管力量的介入能够克服私人自治的局限性,尤其是对于中介机构角色冲突衍生的信息披露不真实这种类型化的违规问题而言,政府的金融监管表现出了低成本和高效率的内在优势。政府对市场进行监管也是各国金融行业治理的普遍状态。本书所提出的证券市场中介机构角色冲突的

---

[1] 蔡立东:《公司自治论》,北京大学出版社,2006,第144页。

解决方案之一便是通过加强证监会的行政监管权，改革付费模式、改革市场供给侧以及建立检查和举报机制，实现对中介机构角色冲突的抗制和阻却。这些措施的一个共同特点在于，将证监会这一公权力监管主体纳入制度设计中来，根据法律赋予其的监管权，使其在证券市场实施监管行为。

将证监会这种公权力主体作为监管进路核心的制度设计，最容易遭受的质疑来自"监管俘获"理论。"监管俘获"理论出自诺贝尔经济学奖获得者乔治·施蒂格勒1971年发表的《经济监管理论》一文。"监管俘获"理论的主要内容是，政府建立监管机构，监管机构能独立运用权力进行公平监管，但在被监管者与监管者长期共存的状态中，监管者本身作为一个有独特利益诉求的理性经济体，在监管的过程中可能会被贿赂收买或屈服于利益集团的政治压力，导致监管效果最终偏离公共利益最大化目标，监管机构最终会为被监管者所俘获，为少数利益集团谋求超额利润，使真正的守法者损失利益，结果使被监管行业更加不公平，降低整体效率。[①]

针对"监管俘获"理论所提出的质疑，笔者认为可以从以下两点予以回应。

第一，从法律经济学的层面，按照"成本—收益"分析范式对证券市场的监管行为做价值分析，不难看出，监管行为的设置是利大于弊的，因此有其存在的必要性。证券市场作为高度专业化和复杂化的市场，交易结构的创新常有发生。法律的不完备性决定了司法诉讼无法有效解决证券市场的全部问题，需要金融监管行为作为补充。同时，证监

---

① G. J. Stigler, "The theory of economic regulation," *Journal of Economics and Management Science* 2 (1971): 3 – 12; G. S. Becker, "A theory of competition among pressure groups for political influence," *Quarterly Journal of Economics* 98 (1983): 371 – 400.

会作为政府公权力部门，其任务就是对证券市场参与主体的行为进行监督和管制，其行为的价值取向是稳定证券市场发展，一般情况下很难发生被监管对象俘获的情形。另外，即使证监会被其监管对象所俘获出现了权力寻租，此种俘获也只是作为个案行为发生。相较于常态化的监管措施而言，个案中因监管人员被俘获而导致的损失要远远小于因监管而产生的对于投资者的保护效益。此外，我们还应该注意到，证券市场作为一个信息高度偏在的市场，广大投资者对于信息披露具有较强的依赖性，一旦中介机构因为角色冲突造成虚假信息披露，便很可能给广大投资者带来重大利益损害，并且给资本市场带来严重的负面影响。如果只是等待司法的力量进行事后救济，则无论从救济成本方面还是从对投资者的保护效果方面，都难以达到预期。

第二，即使证监会及其工作人员出现了被监管对象俘获及权力寻租问题，这也是另外一个问题而非本书问题解决措施所涉及的内容。针对这一问题即"监管俘获"的发生，可以通过加强证监会内部工作纪律、强化内部监督机制以及加大工作人员违规处罚力度等措施予以解决，例如对违规工作人员根据其违规行为的情节和危害后果不同处以行政处罚甚至是追究刑事责任，对其起到震慑作用。同时，纪检监察机关对于证监会内部工作纪律的常规检查和专项巡视工作对于这一问题的解决也起到了明显的推动作用。笔者认为，在进行制度设计时，很多情况下良性的制度设计对于问题的解决是存在极大正向效应的，不能因为制度执行者的个体非廉洁行为而对该制度设计通盘否定。再完美的制度设计都是需要制度执行者去执行的，而所有的制度执行者作为理性的个体都有使其自身利益最大化的追求。制度执行者个体的不廉洁行为，归根结底是其个体行为选择，虽然这种行为选择对于该制度设计整体会产生一定的负面效应，但是绝对不能因此质疑制度设计本身。制度设计的优劣高下唯一评判标准应该是该制度在实践中的运行效果，如果运行效果相对较好，则该制度设计便应该被采用。前文我们已经从法律经济学视角分析了存在"监管俘获"可能性的监管制度对于中介机构角色冲突问题的解决所产生的收益要远大于该制度所带来的负面效应，因此笔者认为对于中介机构角色冲突问题的化解，证监会的监管措施作为资本市场事前治理的主要措施有重大的存在价值。

第二节　证券市场中介机构角色冲突抗制的司法诉讼路径

证券市场中介机构的角色冲突问题会在相当长的一段时期内存在，并且危害深重，不利于资本市场的健康有序发展。证券市场中介机构角色冲突所造成的损害在本书第三章已经探讨过，集中表现为对广大投资者的侵权损害。对角色冲突的抗制路径无外乎两个方面：一方面，在角色冲突造成损害之前，通过证券行业主管部门运用国家公权力之手对该问题进行行政干预，规范中介机构的行为，在规则设置不断调适的基础上，尽量阻却中介机构角色冲突问题的发生；另一方面，在中介机构角色冲突给广大投资者造成实质性损害后，通过侵权责任的配置及中介机构损害赔偿责任的承担，对广大投资者的损失予以弥补，同时对中介机构的违法行为进行惩罚和震慑，在实现个案正义的基础上阻却证券市场中介机构角色冲突问题的发生。

按照政府与市场关系平衡协调的要求，政府对于市场主体的自主性行为可以相对较少干预，尊重其自主的行为选择，因为作为"理性经济人"的市场主体能够对其行为选择负责，也知道怎样选择才能够实现自我利益的最大化。公权力在这一方面需要做的就是设置好相应的规则，作为理性市场主体的中介机构在明晰既定规则的基础上，如果违反了预先设定的规则，就需要承担相应的否定性法律后果。理性的中介机构在了解相应的规则并对违法行为的"成本—收益"进行考量之后必定能够做出理性的行为选择。这种处理方式也能体现最大限度地尊重市场主体理性自治的治理理念，能够极大地发挥市场的效用，符合现代经济发展的潮流。因此，对于证券市场中介机构角色冲突造成的侵权责任，笔者认为应该配置相对严格的责任承担规则，例如集团诉讼规则。目前我国民事诉讼法对于集团诉讼的诉讼方式未加规定。立法者的考量主要基于以下原因：我国还处于社会主义初级阶段，经济发展相对滞后，而企业是市场经济发展的最基本构成单元和经济发展力量的贡献者，如果对其配置过于严苛的规则，可能会将这些处于初级阶段的企业毁灭于发展的道路上。所以现阶段我国还没有引入此种诉讼方式。但是证券市场是一个高度专业化和复杂化的市场，信息偏在现象比较严重，信息披露对于证券市场投资者行为选择的作用至关重要，而中介机构对于证券市场的信息披露处于优势的地位，并且法律规定其对于证券市场投资者具有忠诚义务，一旦中介机构与上市公司合谋造假，那么对于广大投资者的打击近乎是毁灭性的，同时这也会给整个资本市场的发展以致命性的打击，因此对中介机构的侵权责任追究应该采取严苛的责任配置原则。基于以上分析，本节拟对中介机构对投资者侵权责任的原告资格、侵权责任归责原则、损害赔偿责任范围的确定及集团诉讼的设置等几个问题进行具体论述，以期对中介机构角色冲突所造成责任问题的解决有所助益。

一 证券市场中介机构侵权责任之诉原告资格界定

通过侵权之诉来解决证券市场中介机构角色冲突所引发责任问题的

一个先决性问题是谁能够因自己的损失到法院去提起侵权之诉，即具备何种情形的受害者才能成为中介机构角色冲突侵权之诉的原告，也就是说，如何才能够成为此类诉讼的适格原告。这就需要我们对原告资格问题进行探讨。按照《布莱克法律大辞典》对于原告资格的解释，原告资格是指某人在司法争端中所享有的将该争端诉诸司法程序的足够利益，其中心课题是确定司法争端对起诉人的影响是否充分，从而使起诉人成为该案诉讼的正当原告。原告具备原告资格，也就是说原告是适格的当事人，对于特定的诉讼能够以自己的名义成为当事人，具备提起诉讼的权能，即拥有诉讼实施权。

由于证券市场中介机构角色冲突所导致的证券侵权被识别为虚假陈述类型的证券侵权，应该按照虚假陈述损害的法理来确定此类侵权之诉的原告主体资格。在虚假陈述类证券侵权中，原告是否具有适格的起诉条件，应该考察其在虚假陈述所造成的损失上是否具有足够的正当性利益，以及其在资本市场上做出错误的行为选择是不是受到了虚假陈述足够大的影响导致的。具体而言，需要考察投资者是否按照受到虚假信息披露影响的价格买卖了含有虚假陈述的证券。如果投资者的证券买卖行为受到了虚假陈述的影响，则该投资者便具备了在法院提起侵权之诉的诉讼实施权。但是何为受到了虚假陈述的影响？如何确定该投资者的买卖行为是否受到了虚假陈述的影响？这些是需要技术判断的问题。如果不加区分，认为实施了与之相关的证券买卖行为者都可被识别为中介机构角色冲突所导致的侵权之诉的原告，则在此条件下具备原告资格的人会远远超过实际适格的人数，进而导致滥诉情形的发生。因此有必要对此类诉讼的适格请求权人进行合理界定。

相对发达的域外资本市场证券立法为我们在适格原告确定问题上提供了较为成功的经验借鉴。美国《1933年证券法》《1934年证券交易法》对于证券虚假陈述的适格原告都有相应规定。《1933年证券法》在第11条（a）中规定，只要不能证明投资者在获取证券时已经知道存在重大事实的不实陈述或遗漏，其便具备了该法项下的原告主体资格，除非投资者所购买的证券不是该次所发行的，而是已经发行在外的证券。《1934年证券交易法》第18条（a）规定，经过中介机构审核的上市公司提供的申请登记表等资料在重要事实方面存在不真实和误导性，且被告无法证明其提供行为是出于善意或者不知道该表的存在是具有误导性的，且证券购买者对相关资料产生了信赖，即认定原告是此类证券的善意购买者。1952年美国联邦第二巡回法院在伯恩鲍姆（Birnbaum）诉新港口钢铁有限公司案[1]的判决中认为，10b-5规则下私法上的损害之诉的原告，须是构成重大遗漏、误述或欺诈行为基础上的证券的买方或卖方。[2] 但是，该案件所形成的原告诉讼资格也排除了三类主体的诉权，分别为：（1）在新股发行时或发行后的全国性交易市场上，那些声称由于过度悲观性的陈述或遗漏乐观性资料掩盖了发行证券实际投资价值，从而决定放弃购买证券的潜在股份购买者；（2）声称由于过度乐观性的陈述或未披露不利信息，从而决定放弃卖出证券的公司股东；（3）由于违反10b-5规则而与证券买卖有关的公司行为人或内部行为人。但是后两种情况的股东，在公司本身作为证券的买方或卖方的情况下，可以通过提起派生诉讼来突破上述原则的限制。[3]

欧洲国家对于证券虚假陈述原告资格的规定主要集中于各国的立法之中。按照英国《1986年金融服务法》第150条第1款的规定，上市

---

[1] *Birnbaum v. Newsport Steel Corp.*, 193 F. 2d 461 (2d Cir, 1952).

[2] 〔美〕托马斯·李·哈森：《证券法》，张学安等译，中国政法大学出版社，2003，第658页。

[3] 傅长禄主编《证券民事赔偿诉讼》，法律出版社，2003，第236页。

说明书或者补充上市说明书中存在重大事实的不真实或具有误导性陈述，或遗漏了该法要求载明的任何事项，致使获得有关证券的人遭受损失的，该上市说明书或补充上市说明书的负责人应当向受害人支付损失赔偿金，且前文所说的获得有关证券包括订立有关证券利益的合同，即此类案件的原告包括依据该信息披露资料获得证券的人和获得证券利益的人。《德国交易所法》第45条第1款规定，如果已获准上市交易的有价证券说明书对评价有价证券非常重要的有关说明不正确或不全面，则根据该说明书购买该有价证券的购买人可以要求赔偿。德国法规定的虚假陈述原告必须是不知道说明书中的陈述不实，且依据此陈述购买了该证券的购买者。

我国对于证券虚假陈述民事损害赔偿诉讼原告资格的规定主要集中在最高人民法院发布的《关于审理证券市场因虚假陈述引发的民事赔偿案件的若干规定》第6条第1款[①]和我国民事诉讼法相关规定之中。总结这两项法律的规定，我国的证券虚假陈述侵权行为的原告应该满足以下条件：（1）必须是与该案有直接利害关系的公民、法人或其他组织，即必须是证券市场的投资者；（2）此类投资者因虚假陈述遭受了损失；（3）该证券虚假陈述的侵权行为已经接受主管行政机关定性、处罚或已经被法院处以刑罚，即经过了前置程序的处理。由此可以看出，我国法院关于证券虚假陈述损害赔偿案件的原告资格的规定较为笼统，只是规定了具有重大利害关系并且遭受了损失，在司法实践的操作上具有模糊性，不容易准确把握在何种情况下才能够成为虚假陈述案件的适格原

---

① 最高人民法院发布的《关于审理证券市场因虚假陈述引发的民事赔偿案件的若干规定》第6条第1款规定："投资人以自己受到虚假陈述侵害为由，依据有关机关的行政处罚决定或者人民法院的刑事裁判文书，对虚假陈述行为人提起的民事赔偿诉讼，符合民事诉讼法第一百零八条规定的，人民法院应当受理。"

告。笔者认为，与域外发达资本市场中相对比较细化的规定相比，我国的规定并没有说明此类案件的适格原告所应该具备的核心要件，即投资人善意地相信了上市公司或中介机构发布的虚假信息披露，并且受到该虚假信息披露的影响才做出了证券买卖的行为选择。尤其是对于证券市场中介机构角色冲突所导致的证券虚假陈述，强调投资者的损失都是由善意相信中介机构作为"看门人"检验过的信息的真实性才做出证券买受或卖出的行为选择所造成的。另外，最高人民法院发布的《关于审理证券市场因虚假陈述引发的民事赔偿案件的若干规定》要求，必须有证券监管机关的前置认定行为或者法院的证券刑事判决，投资者才能够提起损害赔偿的民事诉讼，这一规定客观上限制了投资者的诉权。虽然法院不是证券问题的专家，有时需要依靠专业的证券监管机关对证券违法行为的性质进行认定，但是这不能成为法律限制投资者诉权的基础，更不能成为法院逃避裁判义务的借口。因为行为主体通过司法诉讼对损害行为实施者追究责任，对其起到惩罚和震慑作用，是制度设计所要达到的通过主体理性博弈解决该问题的理路。有鉴于此，笔者认为，在认定此类诉讼原告主体资格时，应该设置一个可操作性较强的标准。借鉴域外立法经验，可以将诉讼资格设计成有证券买卖行为或者与该证券买卖有密切相关利益的，在不知情的情况下善意相信了上市公司或中介机构虚假信息披露或存在重大遗漏的信息披露而买卖证券并因此而遭受损失者，都能够按照证券法等相关法律的规定对中介机构或上市公司提起损害赔偿之诉。同时，为了保证司法诉讼这一社会救济的最后渠道畅通无阻，笔者建议取消虚假陈述类证券损害赔偿诉讼的前置程序规定，即证券监管部门的行政监管和法院的刑事判决不作为投资者提起证券民事诉讼的先决性条件。证券行政监管、刑事处罚和民事诉讼应成为相互独立且并行不悖的问题解决进路。

二 证券市场中介机构侵权责任归责原则分析

侵权责任归责原则在侵权责任法中具有重要地位，它是侵权责任法的核心规则和灵魂所在。侵权责任法的一切规则都是构筑在侵权责任归责原则基础之上的。在理论研究层面，侵权责任归责原则是掌握侵权责任理论的钥匙，是一切侵权行为研究的基础。同时，确定侵权责任归责原则也是司法审判中对侵权案件进行正确裁判的前提，是处理侵权纠纷的基本准则。究竟何谓侵权责任的归责原则，这是一个必须先行解决的概念性问题。所谓侵权责任归责原则，是指侵权行为人承担侵权损害赔偿的一般准则，它是在损害事实已经发生的情况下，确定侵权行为人是否需要对自己的行为造成的损害承担民事赔偿责任的原则。① 按照侵权责任法的基本理论，对行为实施者侵权责任的归责原则可以划分为过错责任原则、过错推定责任原则及无过错责任原则。

所谓过错责任原则，是以行为人的过错作为价值判断标准，判断行为人对其所造成的损害应否承担侵权责任的原则。按照该原则，行为人主观上的过错是损害赔偿责任构成的必备要件之一，缺少这一要件，即使行为人的行为与损害结果之间存在因果关系，也不需要承担民事赔偿责任。实行过错责任原则的主要目的在于将侵权责任划分给有过错的行为主体来承担，能够更加准确地对责任主体进行识别，同时通过惩戒有过错的行为人，发挥法律的指引和教育功能，指导行为人的正确行为，以预防侵权行为的再度发生。

过错推定责任原则是指在法律有特别规定的场合，从损害事实的本身推定行为人有过错，并据此确定造成他人损害的行为人赔偿责任的归

---

① 杨立新：《侵权法论》（第 2 版），人民法院出版社，2004，第 117 页。

责原则。在过错推定责任原则下，如果受害人能够举证证明损害事实、违法行为和因果关系的存在，且行为人不能证明对于损害的发生自己没有错误，则从损害事实本身推定行为人在致人损害的行为中存在过错，并需要就此承担赔偿责任。过错推定责任原则的功能是使受害人处于更加有利的诉讼地位，加重行为人的举证责任。该原则从损害事实中推定行为人有过错，可以免去受害人举证责任，行为人则因负有举证责任而加重了责任承担，这有利于切实保护受害人的合法权益，更加有效地制裁民事违法行为。

无过错责任原则又称严格责任原则，是指在法律有特别规定的情况下，以已经发生的损害结果为价值判断标准，与该损害结果有因果关系的行为人，不问其有无过错，都要承担损害赔偿责任的归责原则。严格责任原则对于侵权行为实施者而言，是这三种归责原则中最为严苛的，其不问行为人主观因素，直接要求行为人对损害承担赔偿责任。与另外两种归责原则相比较，无过错责任原则能够更好地实现侵权责任法的损害补偿功能、预防损害功能以及实质正义功能。①

鉴于这三种侵权责任归责原则有各自不同的特点，其适用领域各不相同。过错责任原则适用于一般侵权行为，即在一般侵权行为中，除违法行为、损害结果、因果关系之外，还必须能够证明行为人主观的过错，才能成立侵权责任。严格责任原则适用于法定的特殊侵权形态，在此类侵权形态中，原被告双方地位悬殊，法律规定了只要侵权结果发生，不论行为实施者是否有过错，都须对损害承担责任。其主要适用领域包括产品侵权责任、高度危险作业的侵权责任、环境侵权责任等法定

---

① 关于无过错责任原则实现侵权责任法的损害补偿功能、预防损害功能以及实质正义功能，本书不做详细展开，具体内容参见王利明《侵权行为法研究》（上卷），中国人民大学出版社，2004，第249~252页。

第五章 证券市场中介机构角色冲突的抗制路径

特殊领域。过错推定责任原则一般适用于受害者举证相对困难的情况，一旦损害结果发生，法律便推定行为实施者承担责任，除非其能够举出无过错的证据，适用领域包括违反安全保障义务的侵权责任、事故责任、物件致害责任以及专家侵权责任。此处与本书联系最为紧密的便是专家侵权责任。证券市场中介机构对于广大投资者而言便是专家第三方，中介机构凭借专业的知识结构和技能经验在证券市场中获得了专家的地位，其出具的审计报告和法律意见书如果因非真实性而对投资者造成损害，则其应该承担专家侵权责任，也就是说对其追责应该适用过错推定责任原则：在侵权行为发生时，除非其能够举证证明其已经尽到勤勉尽责义务，并且对损害结果的发生没有过错，否则法律将视损害结果与其执业行为具有因果关系，要求其承担相应的损害赔偿责任。

证券行业具有产品高度复杂化和专业化的特点，在归责原则的选取上应该更加慎重。如果要求中介机构承担无过错责任，中介机构将会因责任过重而积极性降低，不利于整个证券市场的发展；如果要求中介机构承担过错责任，由于投资者处于弱势地位，举证证明中介机构存在过错成功的可能性不大，这不利于投资者的保护。以会计行业为例，证券会计师是会计和审计领域的专家，具备法定资格和强大的专业技能，掌握专门的技术，相对于其审计报告和报表的使用者即投资者而言，证券会计师具有强大的优势地位，广大投资者很难直接评估其职业活动的水准，更加谈不上对其过错的举证。另外，从法经济学角度进行"成本—收益"分析后可以发现，对于中介机构的侵权责任实行严格责任原则是无效的。正如菲歇尔（Fischel）教授所言，侵权责任归责的预防效果可以用行为低于标准时招致责任的概率与行为达到标准时招致责任的概率之间的差来表示。行为达到标准时招致法律责任的概率越高，侵权责任归责的预防效果就越低。如果股价一出现急跌证券会计师就会被起诉，而不论其是否审慎履行了职责,在这种情况下,谁还会努力提高审计服务的质量?[1]

域外和我国的既有立法例中关于证券市场中介机构的侵权责任归责原则也都表明,过错推定责任原则是适合此类专家型侵权行为的归责原则。接下来笔者将以证券市场中与中介机构密切相关的虚假陈述类侵权行为为例考察各国立法例。

美国《1934 年证券交易法》第 18 条 (a) 中规定,任何人在依法向 SEC 提交的申请表、报告或者其他证件中存在任何重要事实的不真实或者误导性陈述时,应当向信赖该陈述且购买或者出售价格受到该陈述影响的证券的任何人,负有赔偿由此种信赖所造成的损失的责任。但是,如果被控告的个人能够证明他是善意地行事或者不知道该注册申请表是不真实的或有误导性信息的,此时,就可能因此"善意抗辩"而享受免责。

欧洲国家对于中介机构的侵权责任归责原则采用的也是过错推定责任原则。

英国在其《1986 年金融服务法》第 150 条、151 条以及《1995 年证券公开发行规则》第 14 条、15 条中规定证券律师或证券会计师等中介机构,只要其能证明所负责的招募说明书或补充招募说明书中准确援引了某位官方人员或某份公开的官方文件的陈述,则对于该项陈述所导致的任何损害,该中介机构不承担民事责任。

此外,《德国交易所法》亦明确了对于中介机构侵权行为的过错推定责任原则。该法第 45 条第 1 款规定,任何行为人如果能够证明其不知道招股说明书中的陈述是虚假的或者是不完整的,且导致其不知情的

---

[1] 参见 Daniel R. Fischel, "The Regulation of Accounting: Some Economic Issues," *Brooklyn Law Review* 52 (1986): 1055, 转引自刘燕《会计师民事责任研究:公众利益与职业利益的平衡》,北京大学出版社,2004,第 163 页。

第五章 证券市场中介机构角色冲突的抗制路径

原因为一般或轻微过失，而非故意或重大过失，则无须承担第44条项下的责任。

我国立法对于证券市场侵权责任的归责原则相对复杂，对于不同的人员适用不同的归责原则。其中对于专业服务机构及其直接责任人员适用过错推定责任原则。最高人民法院发布的《关于审理证券市场因虚假陈述引发的民事赔偿案件的若干规定》第24条规定，专业中介服务机构及其直接责任人违反《证券法》第161条和第202条的规定进行虚假陈述，给投资人造成损失的，就其负有责任的部分承担赔偿责任；但有证据证明无过错的，应予免责。

由此可见，无论是域外立法例抑或是我国的立法现状，对于证券市场中介机构的侵权责任归责原则都无一例外地适用了过错推定责任原则，这说明为使高度专业化和复杂化的证券市场责任配置达到平衡，对中介机构责任配置的最佳平衡点便是侵权责任的过错推定责任原则。因为这种责任的配置原则能够更好地兼顾中介机构与资本市场投资者双方的利益。说到底，过错推定责任原则就是让中介机构自己举证说明已经尽到注意义务，在整个行为实施的过程中不存在相应的过错。这对于具备高度专业性知识和丰富从业经验的中介机构而言是相对容易的，因为这是其自身所从事的日常业务。每个人都对自己的行为最为熟悉，都是自己利益的最佳评判者，都有权处分甚至放弃自己的利益，这也是法治国家的重要原则。[1] 如果采用过错责任原则，将举证责任配置给投资者，则显得相对不公平。众所周知，资本市场作为高度专业化和复杂化的市场，信息偏在情况严重，与专业的证券市场中介机构相比投资者处

---

[1] 王彦明：《股东同意与公司财产的刑法保护——被害人同意理论在公司制度中的运用》，《吉林大学社会科学学报》2004年第6期。

于弱势地位,因此按照能力责任配比原则,将过错举证责任分配给中介机构更具有合理性,同时也更加有利于资本市场的发展和中介机构角色冲突问题的解决。

三 证券市场中介机构侵权责任损害赔偿范围的确定

证券市场中介机构侵权责任中的一个重要问题是投资者因中介机构的侵权行为所应该获得的损害赔偿具体应该怎样确定。前文对中介机构侵权行为构成要件的分析和归责原则的探讨都是为投资者能够获得损害赔偿做准备和铺垫的。在确定了中介机构与上市公司合谋所进行的虚假陈述行为构成对投资者的侵权后,决定投资者因中介机构的侵权行为所能获得多少损害赔偿的因素便是损害赔偿数额的具体计算方法。在我国侵权责任法领域,对于证券民事侵权损害赔偿的具体计算方式有不同的观点,域外资本市场立法也对这一问题有不同的规定。我国当前立法中关于证券市场中介机构的虚假陈述导致的投资者损失的损害赔偿计算方法存在一定问题。因此本部分着力从侵权责任法一般意义上的损害赔偿计算方法、域外相对先进的立法经验等方面来确定我国证券市场中介机构角色冲突对投资者的侵权责任损害赔偿的具体计算方法,以期为今后立法的精细化和可操作性提供技术路径。

损害赔偿,按照一般的解释是指当事人一方因侵权行为或者不履行债务而对他方造成损害时应承担赔偿他方损失的民事责任。对权利人来说,损害赔偿是一项重要的民事权利,是对其所受损害的一种救济手段;对义务人而言,它是一种重要的承担民事责任的方式。损害赔偿的根本目的是填补损害,补偿损失,且是以财产的方式救济受害人,具有完全的财产性特征。何为所受损害,这是一个前提性的问题。所谓侵权行为受害者所受损害,是指因损害事故的发生赔偿权利人现有财产所减

第五章　证券市场中介机构角色冲突的抗制路径

少之数额。① 全部损害赔偿是由损害赔偿的功能所决定的。既然损害赔偿基本功能是补偿财产损失，那么以全部损害赔偿作为确定损害赔偿责任大小的基本原则，就是十分公正、合理的。②

证券市场中介机构角色冲突所导致的侵权责任，应当以全部损害赔偿为原则，即中介机构应赔偿其侵权行为对投资者所造成的全部损害。在清楚了全部损害赔偿原则的基础上，接下来的问题便集中于如何确定中介机构侵权行为的具体数额。目前我国对虚假陈述民事损害赔偿的损失范围和计算方法都是依据最高人民法院发布的《关于审理证券市场因虚假陈述引发的民事赔偿案件的若干规定》设置的。根据该规定，虚假陈述行为人在证券交易市场进行虚假陈述导致投资人损失的，投资人有权要求该行为人按照该规定的第30条赔偿损失，即虚假陈述的赔偿范围以实际损失为准，包括投资差额、佣金、印花税和利息。关于投资差额的规定集中于第31~33条。③ 从这些规定看，我国在证券市场虚假陈述的损失计算中所采用的技术手段是以某一个时间节点为参照计算受害者所产生的损失。这种方法虽然操作起来相对简单易行，但是其精准程度是有待商榷的，尤其是这种方法没有考虑到市场、大盘和宏观经济等系统性风险，具有一定的缺陷。

关于证券市场虚假陈述对投资者造成损失的具体测定方式，资本市场发展相对成熟的美国和欧洲国家已经有先进的解决方案值得我们借鉴。在美国市场，投资者的损害赔偿多基于 10b-5 规则。10b-5 规则

---

① 曾世雄：《损害赔偿法原理》，中国政法大学出版社，2001，第156页。
② 杨立新：《侵权法论》（第2版），人民法院出版社，2004，第665页。
③ 最高人民法院发布的《关于审理证券市场因虚假陈述引发的民事赔偿案件的若干规定》在其第31~33条中规定了何为投资差额损失、计算投资差额的时间点等技术性参数。

下采用的是实际损害赔偿规则，但是计算这一数额的具体方法并不清晰，且该规则本身也未能提供具体的可操作的办法。由于美国是判例法国家，很多具体的问题并非在法律规则中明确规定的，而是通过法官造法的技术路径，在具体案件审判中通过判例法所特有的先例约束力手段予以明确的。对于实际损害数额的规定也是通过美国各个法院的判例逐渐形成的。例如在处理公开交易的证券时，有时在违法行为发生期间存在许多影响证券市场价格的因素，包括市场总体状况或金融状况。在这些情况下，法院必须确定被告错误陈述所造成的损害，此时损害赔偿以原告收取的股份利益与如果没有被告的欺诈本来能够获得的利益之差额为依据。① 这些因素在计算损害赔偿数额时应当从市场价格中予以抵消。② 当市场相关因素在整个欺诈期间发生了变化，或存在因购买证券的时间不同而处于不同损害状况的原告时，错误陈述所造成的损害会发生变化或存在不同。③ 以上便是基于10b-5规则所提起的民事损害赔偿应该遵循的损害赔偿责任的计算方式。④ 通过上述规定可以清楚看出，美国法院审理此类案件时关注的要件为实际损害，但是在个别情况下有些州法院允许受到欺诈的购买人要求以如果陈述是真实的所购财产的真实价值与因受欺诈影响而表现之价值的差额为损害赔偿数额。美国司法判例中，经常适用两个损失界定规则：实际损失规则和交易获利规则。之前我们已经探讨过实际损失规则，接下来我们将关注交易获利规则。交易获利规则并不是由10b-5规则所规定的，而是由若干判例所逐渐

---

① 参见 *Rowe v. Maremont Corp.* (850 F. 2d 1226 7th. Cir 1988)。
② 参见 *Rolf v. Blyth, Eastman Dillon & Co.* (570F. 2d 38, 49 2nd. Cir 1978)，以及 *Feit v. Leasco Data Processing Equipment* (332 F. Supp. 544, 586 E. D. N. Y. 1971)。
③ 参见 *Harris v. America Investment Corp.* (523 F. 2d 220, 8th. Cir)。
④ 本部分内容参见〔美〕托马斯·李·哈森《证券法》，张学安等译，中国政法大学出版社，2003，第708页。

形成的。在美国，按照 10b-5 规则提起证券市场虚假陈述侵权之诉的原告可以要求被告返还原告因违法行为所获得的不当得利，即交易获利。按照英美法系的返还原理——"凡是一个人有意地以对原告进行不法行为使自己得益，就应当承担返还利益的义务……原告能追还的金额很可能高于他能要求补偿的损失"①，对于主张赔偿实际损失还是要求收益返还，美国司法界的态度是受害者可以根据案发后证券市场的发展形势进行选择。如果原告的损失比较明显，则主张实际损失会比较有利，相反，如果被告因此获利比较明显，则主张收益返还对原告而言更为有利。美国法中设置这样两个规则的原因在于，证券市场是一个自身时时变化的市场，股市瞬息万变，难以预测，而受害的投资者在这样的市场中处于明显的弱势地位，因此在损害赔偿问题上设置两个计算规则有其合理性。

德国的有价证券法中，仅要求发布虚假陈述信息的责任人员赔偿直接利益损失。证券购买者可以要求证券发行者和中介机构在证券价格不超过首发价的范围内偿还自己的购买款及相关费用。但是这需要以证券发行说明书公布后且有价证券首次发行 6 个月内为限。如果购买人不再是有价证券的持有人，可以要求支付未超过首次发行价的购买价与转让价之间的差价以及购买和转让的相关费用。②

参照欧美国家的虚假陈述损害赔偿确定方法，笔者认为我国证券市场中介机构角色冲突对投资者造成损失的损害赔偿具体方法应该按照如下方式确定：原则上遵照我国现行的最高人民法院发布的《关于审理证券市场因虚假陈述引发的民事赔偿案件的若干规定》中的相关条文执

---

① 沈达明编著《准合同法与返还法》，对外经济贸易大学出版社，1999，第 191~192 页。
② 马其家：《证券民事责任法律制度比较研究》，中国法制出版社，2010，第 160~161 页。

行，即如果虚假陈述的侵权行为发生在证券发行阶段，虚假陈述的行为人（包括上市公司和中介机构）负责返还和赔偿投资人所缴股款及银行同期存款利息；如果虚假陈述的侵权行为发生在证券交易阶段，则行为人需要赔偿虚假陈述实际造成的损失，包括投资差额损失及与投资差额损失相关的佣金和印花税以及利息损失。由此可以看出，在现行的损害赔偿计算方法中，投资差额损失计算是最为关键的。上述规定的第31条给出了投资差额计算方法，即以投资者"买入证券平均价格"与"实际卖出证券平均价格"之差乘以投资者所持证券数量作为投资差额损失。但此种计算方法亦有不妥之处：在成交价格实时波动的证券交易市场，买入和卖出证券的平均价格之差与逐笔买入价和逐笔卖出价累计之差在通常情况下存在不一致性。因此，本书认为，投资差额损失可以采用总量法予以确认：在同一个时间段内，投资者卖出证券的价格总额与买入证券的价格总额之间的差额可以确认为实际投资损失。

此外，一个重要的问题便是我国的虚假陈述损害赔偿范围，除实际损失之外，能否加入美国法上认定的违法行为实施者所获得的交易获利这部分金额，以及交易获利和实际损失在投资者主张损害赔偿时的关系问题：投资者只能主张其一作为损害赔偿，还是可以主张损害实施一方赔偿其实际损失和交易获利两部分数额之和。笔者认为，虚假陈述违法行为人因虚假陈述行为所获得的交易获利部分的收益，应该作为投资者依法获得的损害赔偿。原因在于从交易获利的产生根源看，这部分收益是违法行为人基于其虚假陈述的违法行为获得的，该收益在属性上不具备来源的正当性。古罗马法谚有云，"一个人不能因其错误行为而获益"，来源正当性的缺失以及手段违法性的事实导致虚假陈述获益不能成为违法行为人的合法所得。接下来考虑的问题是，这种非法行为的交易获利应否成为投资者所主张的损害赔偿。从来源看，违法行为人的

第五章 证券市场中介机构角色冲突的抗制路径

这种非法交易获利的基础性资金来自投资者被虚假信息披露影响后买入证券时的资金投入，也就是说，是进行虚假信息披露的上市公司或中介机构用投资者的初始资金取得了交易获利。按照民法上原物和孳息分配关系的法理，法定孳息的所有权应该归属于原物的所有权人。同时，将违法行为人的交易获利配置给投资者的做法也能够对投资者保护起到促进作用。

最后一个相关的问题是如何在损害赔偿之诉中设计交易获利的诉讼架构，即如何处理在投资者对中介机构损害赔偿之诉中实际损失与交易获利返还的关系——实际损失与交易获利择其一还是对于两部分可以同时请求？笔者认为，在投资者损害赔偿之诉中，应该让权利受到侵害的投资者有权同时主张实际损失和交易获利返还这两种救济手段。原因在于：其一，交易获利，如前所述，在法律属性上是因虚假陈述而投资的投资者的资金二次生成的孳息，在所有权归属上应该划分给作为原物所有权人的投资者；其二，如果投资者只能择其一提起诉讼请求，无法对违法行为实施者即上市公司和中介机构起到警示作用，因为如果不要求返还交易获利，对于违法者而言，其实施违法行为最为严重的后果就是赔偿投资者的实际损失，而交易获利还是由自己占有，这种情况可能会滋生违法行为人的机会主义行为，导致其为了取得交易获利而不惜铤而走险地实施违法的虚假陈述行为；其三，将交易获利的这部分收益划分给投资者，也是对在资本市场中处于弱势地位的投资者进行强有力保护的一个重要方面，在资本市场这种信息高度偏在、实力对比悬殊的交易场域，在设计制度和规则时，应该向处于弱势地位的投资者倾斜，这也符合证券法立法的价值取向。

在确定证券市场中介机构角色冲突导致的对投资者的损害赔偿范围这一部分内容后，还有最后一个问题引起笔者的注意，需要在此一并论述，即对于投资者的损害赔偿是否应该设置成惩罚性赔偿。惩罚性赔偿（punitive damages），也称示范性赔偿（exemplary damages）或报复性赔偿（vindictive damages），是指由法庭所判决的赔偿数额超出实际的损害数额的赔偿[①]，它具有补偿受害人遭受的损失、惩罚和遏制不法行为等多重功能。该制度主要被美国法采用，不过，它的发展不仅对美国法产生了影响，而且对其他英美法系国家甚至大陆法系国家也产生了某种影响。[②] 相对而言，惩罚性赔偿在美国被法院采用的情况较多，但是在我国当前阶段，惩罚性赔偿制度更多在消费者权益保护法和合同法中有所规定，侵权责任法中对该项制度的规定相对较少。

对于中介机构角色冲突所导致的损害赔偿责任的确定是否应该适用惩罚性赔偿规则，笔者认为我国现阶段不适合采用该制度，理由如下。

首先，我国侵权责任法的立法目的是强调补偿功能而非惩罚功能。侵权责任法的立法目的和价值取向在理论界和实务界向来存在争议：侵权责任法的立法目的究竟是强调补偿功能，要求违法行为人弥补被侵害人损失，还是通过侵权责任的配置给予违法行为者以惩罚？检视我国现行侵权责任法的立法取向和制度设计，其采取的是以补偿功能为取向的立法模式。整部法律的制度设计都在强调对受害者的补偿，而并未涉及对违法行为者的惩戒和震慑。因此，在现行侵权责任法立法体制的现实中，对于证券市场投资者因中介机构的虚假陈述受到的损失，应该配置一般性赔偿而非惩罚性赔偿。前文所提及的关于中介机构因虚假陈述所获得的交易获利部分返还给投资者的制度设计，也并非惩罚性赔偿，而

[①] 参见 Note, "Exemplary Damages in the Law of Torts," 70 *Har v. L. Rev.* 517, 517 (1957), and *Huckle v. Money*, 95 Eng. Rep. 768 (K. B. 1763)，转引自王利明《惩罚性赔偿研究》，《中国社会科学》2000 年第 4 期。

[②] 参见王利明《惩罚性赔偿研究》，《中国社会科学》2000 年第 4 期。

只是将本来应该归属于投资者的交易获利返还给了投资者,并不具备对违法行为者的惩罚性功能。

其次,同样情况下美国判例法之所以会配置惩罚性赔偿与其法律传统密不可分。英美法系不同于大陆法系,没有严格的公法与私法的法律部门划分,因袭不同于大陆法系的制度设计逻辑。在大陆法系中,由于公法与私法的二元分野,私法被用于解决平等主体之间的私人纠纷,起到将不合适的利益分配状况导正的作用,以使争议双方都感觉到公平,维持交易秩序的正常运行。至于对违法行为人进行惩戒、震慑的法律功能,是由具备社会管理特征的公法类法律所负责的,例如通过行政法给监管机关配置行政处罚权。鉴于我国与大陆法系国家的法律体系具有高度的同源性、结构相似性和深刻的历史传承性,我国在证券市场中介机构角色冲突的损害赔偿问题上,不应该适用惩罚性赔偿机制。

最后,资本市场的良性运行对于我国社会主义初级阶段的经济发展有重要的作用。现阶段我国资本市场还处于发展初期,具有一定的脆弱性,中介机构作为资本市场中的重要参与主体对资本市场发展具有举足轻重的作用,如果对此类中介机构施加严苛的惩罚性赔偿义务,很可能会遏制甚至扼杀证券市场中介机构的成长,不利于整个资本市场的快速健康发展。有鉴于此,在现阶段,基于我国资本市场的发展状况以及侵权责任法立法模式的价值取向和功能定位,笔者认为对证券市场中介机构角色冲突所导致的侵权责任施加惩罚性赔偿责任过于严苛,应该坚持按照一般性赔偿的原则要求中介机构进行责任承担,这样的责任配置也更加符合我国现阶段资本市场发展的实际。

四 证券市场中介机构侵权责任的集团诉讼探讨

随着当今社会经济、政治的发展,群体性侵害事件开始大量出现,同一或同因的违法事实所引起的不特定多数人受害的群体性纠纷已经成为当今社会冲突的一个主要表现形式。① 在证券市场中，中介机构角色冲突造成的虚假陈述行为的受害者就很有可能是不特定多数人。面对这种不特定多数人的侵权损害纠纷，应该考虑采用专门应对大规模受害者的证券市场中介机构侵权责任的集团诉讼（以下简称"证券集团诉讼"或"集团诉讼"）模式进行解决。证券集团诉讼是指当上市公司或证券市场中介机构的证券侵权行为损害了投资者群体性利益时，个别投资者为维护群体甚至全体投资者的利益向侵权人（包括上市公司及其高管人员和证券市场中介机构）提起民事赔偿诉讼，其诉讼结果适用于全体受损害投资者的一种诉讼形式。证券集团诉讼是美国法上对于证券市场侵权行为进行诉讼的一种典型的诉讼模式。我国现行立法对于证券侵权问题并未规定证券集团诉讼的处理方式。在本部分内容中，笔者在考察美国法上的证券集团诉讼及其运行机制的基础上，分析我国现行立法中为何没有设置证券集团诉讼这一制度，探讨针对证券市场中介机构角色冲突对投资者造成的侵权行为是否应该引入及应该如何引入集团诉讼的诉讼模式。

从法史论意义上考察，集团诉讼起源于12～13世纪的英国。1938年美国《联邦民事诉讼规则》第23条特别规定了集团诉讼程序，这奠定了美国集团诉讼的法律基础。在其后的发展进程中，通过1995年《私人证券改革法案》和1998年《证券诉讼统一标准法》的颁布，逐步将集团诉讼引入证券私人诉讼领域中来。但法律对集团诉讼案件的审判规则做了局部微调，主要目的是限制资本市场中集团诉讼的滥用，这

---

① 张卫平：《程序公正实现中的冲突与衡平——外国民事诉讼研究引论》，成都出版社，1993，第145页。

是证券集团诉讼模式在美国法上的缘起。① 美国司法界对于集团诉讼持赞成态度，认为联邦证券法项下的诉讼请求最容易以集团诉讼的形式对待；集团诉讼手段节省了法院和当事人的资源，允许每一个可能与集团成员有关的问题以经济有效的方式进行诉讼。② 更为重要的是如韦恩斯坦（Weinstein）法官在 *Dolgow v. Anderson* 一案中所指出的：集团诉讼除对单个投资者的优势之外，还发挥着重大的威慑职能，在证券监管领域具备解决问题的实质价值③，这对于解决证券市场的违法行为有较好的作用。在美国法上，受到损害者欲以原告身份提起集团诉讼也需要具备一定的条件，这些条件都集中规定在1996年修正后的《联邦民事诉讼规则》之中。该规则第23条（a）规定，集团诉讼必须具备以下四个条件：（1）集团人数众多，无法将全部人员合并诉讼；（2）集团存在共同的法律或事实问题；（3）代表当事人的请求或抗辩对集团所有请求或抗辩具有代表性；（4）代表当事人将公平、充分地保护集团利益。④

美国法上的证券集团诉讼在运作机制上有两个重要问题是需要我们注意的：其一，集团诉讼的代表人和律师是如何选任的；其二，如何处理集团诉讼原告与其律师之间的关系。在集团诉讼中，诉讼代表人和诉讼律师对于整个集团诉讼的推进都起到了至关重要的作用，直接关系到集团诉讼的运行。美国法关于诉讼代表人和律师的选任的规则经历了两个阶段，以1995年《私人证券改革法案》为分界点。在该法案出台之

---

① 侯泽福：《论证券集团诉讼之功能》，《河北法学》2011年第11期。
② 参见 Hudson v. Anderson, 43 F. R. D. 472, 485 - 488 (E. D. N. Y. 1068), 以及 *General Tel. Co. of Southwest v. Falcon*, 457 U. S. 147, 155 (1982)。
③ *Dolgow v. Anderson*, 43 F. R. D. 472, 485 - 488 (E. D. N. Y. 1968).
④ 〔美〕路易斯·罗思、乔尔·赛格里曼：《美国证券监管法基础》，张路等译，法律出版社，2008，第979页。

前，推行的是集团诉讼代表人"先到先得"的做法，即在多个当事人满足证券集团诉讼原告资格的情况下，谁最先到法院起诉，就将集团诉讼的原告资格赋予谁，同时最先起诉者的律师也就自然而然地成为整个集团诉讼的律师。这种模式的好处就在于，能够起到激励作用，促使具备条件者争当原告。但是明显的弊端在于，律师在追求利益的想法的驱动下，会怂恿当事人无论是否准备好都要冲到法院去成为集团诉讼的原告，这样就会出现滥诉情况。同时，以集团诉讼为业的律师还会采用多种技术来创造更多的收入。如在证券诉讼领域出现了很多职业原告（professional plaintiff），他们持有很多公司的股票，虽然持股量不多，但足够使他们在很多的集团诉讼中出任原告。为了方便，律师事务所还存有一个原告名单，这些职业原告在律师的要求下出任原告，然后从律师那里得到报酬。律师事务所有时甚至会以相应公司股票进行所内的利润分配，必要时可以使事务所内部的员工作为原告。总之，一旦律师决定起诉，寻找一个名义上的委托人对有经验的律师来说并不是难事。① 但是在1995年《私人证券改革法案》出台之后，美国法院对于诉讼代表人和律师的选任规则发生了变化：该法案改变了之前"先到先得"的选任规则，还要求先起诉者履行通过公告形式通知其他集团成员的义务。在经确认的集团成员中，那些对诉讼请求拥有最大财产利益关系的人被推定为最合适的诉讼代表原告人选，并且集团诉讼的律师是由诉讼代表原告选定的，这种选定需要经过法院的认可才能最终生效。此种新型规则设计的优点在于，该选任方式能够使投资者在没有准备好的情况下不慌忙跑去法院提起诉讼争当原告；此外，最有可能充当原告的机构

---

① 耿利航：《群体诉讼与司法局限性——以证券欺诈民事集团诉讼为例》，《法学研究》2006年第3期。

投资者，不会轻易受到律师的控制，这样可以保证不会出现滥诉的情况。①

在考察了美国法上证券集团诉讼制度后，我们清楚了该制度对于证券市场的巨大推动作用。但是对照检视，不难发现我国立法中并未设置集团诉讼的相关制度。笔者认为，之所以我国立法中没有设置集团诉讼这种威慑性相当强的技术手段，原因在于立法者认为我国资本市场还处在相对弱势的发展初期，证券市场中介机构组织和上市公司还比较弱小，抵御风险能力相对较弱，一旦遭遇到证券侵权所引发的集团诉讼，最为直接的结果就是此类赔偿主体很可能因为集团诉讼所产生的高额赔付而出现资不抵债的破产情况。一个明显的例证就是美国安然公司和安达信会计师事务所，这两个实力极强的证券市场参与主体因为财务造假、虚假陈述在遭遇集团诉讼时都没能逃脱破产的命运，更不必说实力和规模以及抗风险能力都明显弱于二者的我国的上市公司和证券市场中介机构组织。一旦集团诉讼的设置导致我国涉案上市公司和中介机构组织破产，对我国脆弱的初期资本市场无疑是致命的打击，这种情况是立法者和决策者所不愿意看到的，这也是我国至今没有启动证券集团诉讼的原因所在。这里需要注意的一个问题是集团诉讼与代表人诉讼的区别。在立法层面我国于2019年证券法修改中加入了代表人诉讼制度，但却一直未引入证券集团诉讼制度。集团诉讼不同于代表人诉讼，代表人诉讼实施需要众多原告推举代表人完成诉讼。判决对众多原告生效和可适用的前提为原告主动行使诉权（参与推举代表人），而集团诉讼原告不需要必须主动行使诉权、参与推举代表人，同样可以适用该胜诉判决，这样能够兼顾到并没有获知诉讼代表人推举公告信息的受害投

---

① 周学峰：《证券集团诉讼的滥用与制约》，《西部法学评论》2011年第2期。

者，允许其采用反向参与的方式（只要不明确表示反对参与，即视为其同意）对自身权利予以保护。并且所有相同情况的投资者均可通过该诉讼判决维持自身的合法权益，而不以自身参加诉讼或参加代表人推举等行为作为利益保护的前提。在此意义上，集团诉讼作为证券投资者利益保护的诉讼机制要优于代表人诉讼机制。

那么在我国资本市场发展的现阶段，对于证券市场中介机构角色冲突所引发的侵权事件，是否应该启用证券集团诉讼机制来解决？笔者对此持肯定意见。在现阶段应该允许证券侵权领域设置集团诉讼处理侵权问题，理由如下。首先，证券集团诉讼具有高效率、低成本的特点，能够更好地保护广大投资者。通过证券集团诉讼的启用，因中介机构的侵权行为而遭受损害的投资者能够以更小的成本得到损害赔偿，没必要一定自身参与到诉讼中去，这样有利于降低成本、提高效率。其次，证券市场是一个高度专业化和复杂化的市场，信息偏在情况较为严重。并不是所有的投资者都有能力通过司法诉讼的方式与强大的证券市场中介机构对抗解决其遭受的损害问题，允许集团诉讼这种特殊的诉讼方式在证券侵权领域适用，符合保护投资者这一证券法立法目的。最后，从法律经济学"成本—收益"的角度进行考量，在证券诉讼领域引入集团诉讼也具备其存在的合理性。就利益衡量而言，是否引入集团诉讼，实质上是证券法对于上市公司和中介机构与投资者利益保护向哪方倾斜的问题。如果引入集团诉讼，无疑可以更好地保护投资者，更加严苛地制裁违法的中介机构，对其起到更明显的震慑作用，能够净化资本市场的环境。但是不利的方面在于，我国现阶段脆弱的资本市场和还在起步阶段的中介机构组织，面对证券集团诉讼这一利器，很难承受得起败诉所需要承担的严重后果。很可能出现的情况是，集团诉讼引入后，中介机构忌惮败诉的风险，信息披露真实度会提高，市场诚信环境会有所改善，

第五章 证券市场中介机构角色冲突的抗制路径

但是在实行该制度的初期必将有一些违法进行信息披露的上市公司和中介机构组织走向破产,被淘汰出局,导致我国资本市场出现风声鹤唳的局面,甚至走向金融经济的式微,最终导致实体经济的衰退。笔者认为,在精英群体集中的资本市场,某些违法行为者进行违法行为被提起集团诉讼,最终走向灭亡,恰恰能够对其他同行业的从业者起到巨大的警醒和震慑作用,作为"理性经济人"的中介机构组织能够在其竞争对手出局后,适时做出行为调适,应对这一变化。经过初期改革的阵痛后,在集团诉讼的惩罚和震慑作用下,我们有理由相信中介机构的整体从业环境会有所改善,整个资本市场的诚信环境能够逐步确立。

在证券集团诉讼具体制度设计上,本书拟关注以下几个问题:(1)集团诉讼的适用范围;(2)集团诉讼的受理条件;(3)集团诉讼原告的选任方式及集团其他成员的诉权行使问题;(4)集团诉讼的司法管辖问题;(5)集团诉讼如何与现行相关立法对接。笔者认为以上五个问题的解决对于帮助我国引入集团诉讼以及顺利运行可以起到关键作用,因此本书将对其逐一进行回答。

第一,集团诉讼的适用范围。鉴于我国处于社会主义初级阶段的基本国情和当下实体经济发展的状况,以及经济参与主体自身力量弱小,还不足以承受集团诉讼所带来的严重后果的情况,在我国民事诉讼领域大规模引入集团诉讼的方式并不可行。但是基于前文的论述,即证券民事诉讼领域具有特殊性和复杂性,经过利益衡量和证券法立法目的的考量后,笔者认为,排除其他领域,只在证券民事诉讼领域引入集团诉讼这一诉讼模式是可行的,具体理由不再赘述。

第二,集团诉讼的受理条件。针对这一问题可以借鉴美国《联邦民事诉讼规则》中关于集团诉讼的规定,将我国证券集团诉讼的受理条件设定为:(1)涉案的当事人在人数上比较多,无法将全部成员合并诉讼；（2）所有集团成员当事人所面对的是相同的事实或法律问题；（3）集团诉讼代表人的请求能够代表集团成员的整体性利益，而不仅是其个人或部分人的利益；（4）集团诉讼代表人能够公平和充分地维护集团成员利益。集团诉讼应同时满足这四个条件。其中，第一项和第二项条件由受理案件的法院根据其专业知识和技能进行判断；而第三项和第四项条件则需要由提起诉讼的当事人负责举证证明其能够代表集团成员的整体利益以及能够维护整个集团成员的利益。

第三，集团诉讼原告的选任方式及集团其他成员的诉权行使问题。集团诉讼的原告应该是经过集团登记的全体成员共同推选的与集团诉讼具有最大财产利益牵连的集团成员。但是这样的做法带来的一个问题在于，集团诉讼中适格的集团成员人数众多，很难保证通知到每一个成员。那么一个可能的风险就在于，没有接到通知的集团成员无法行使表决权，这相当于在其不知情的情况下，其被代替行使起诉的事宜，是对此类成员诉权的剥夺。因此，在原告选任程序开始时，拟作为原告起诉者需要通过发布公告的方式征求所有成员的意见，不愿意参加集团诉讼而放弃诉权者需要采取声明的做法。如果公告发布后，相关成员没有明确声明其退出集团诉讼，则推定其同意选任结果。

第四，集团诉讼的司法管辖问题。按照民事诉讼法诉讼管辖设计的立法理念，对于证券集团诉讼应该采取"原告就被告"的起诉原则，在被告住所地法院起诉。具体而言，在证券市场中介机构侵权案件中，受到利益损害的投资者作为集团诉讼的原告应该到被告即中介机构组织的注册地法院起诉。审级的选择也是一个需要注意的问题。鉴于证券集团诉讼涉及的原告人数往往较多，涉案金额相对较大，且判决对整个集团成员具有普适效力，一旦判决形成，往往会产生较大的影响和示范效应，出于谨慎起见，将证券集团诉讼的一审法院设在设区市的中级人民法院更为合适。

第五，集团诉讼如何与现行相关立法对接。我国现行立法中，无论是证券法还是民事诉讼法，均未规定集团诉讼的相关事项，且集团诉讼作为诉讼方式的一种，属于程序性事项，因此不需要对证券法等实体法做出修改。虽然证券集团诉讼的引入需要对民事诉讼法进行一定的修订，但是笔者认为在现阶段以修改法律的方式引入集团诉讼，时机尚未成熟，原因如下。其一，集团诉讼在我国还没有实行过，在证券领域更是不知其运行效果如何，一旦修改法律后发现其运行效果较差，再将该项制度取消，这无疑是一种朝令夕改、有损法律权威的做法。其二，修改法律需要前期大量的立法调研和论证，耗时费力，会产生相应的制度成本。同时，全国人大通过立法议案将证券集团诉讼引入立法的做法，在现阶段很可能遭到来自上市公司和中介机构组织等资本方代表的抵制，使议案通过具有一定的难度。而且制度修改后，集团诉讼的运行可能会引发新的问题，这些都需要进行评估后才能确定。因此，笔者认为，现阶段证券集团诉讼的引入比较合适的做法是由最高人民法院发布司法解释，规定仅在证券侵权案件的诉讼中，在满足一定条件的情况下，可以适用集团诉讼这种新型的诉讼方式。并且还应该规定当前只在北京、上海、广州和深圳等资本市场发达、上市公司和中介机构组织较为集中的地区试行集团诉讼这种诉讼模式，待到该制度运行平稳，在充分论证的基础上，再通过立法对民事诉讼法中关于诉讼参与人的规定进行修改，正式引入证券集团诉讼这一诉讼模式。

证券集团诉讼作为舶来品，像一柄高悬在证券市场中介机构头上的"达摩克利斯之剑"，时刻震慑着存在角色冲突的中介机构。在现阶段我国证券市场侵权诉讼的解决方面，集团诉讼应该会起到良好的示范作用，能够很好地解决证券市场中介机构角色冲突所导致的证券侵权问题。此种诉讼模式在美国等发达资本市场的运行和逐步完善过程中，起到了解决证券侵权问题和纯化资本市场信息披露的独特作用。但是也要看到，对于域外制度的法律移植，一个最为关键的问题便是本土适应性。离开了其发生地的制度土壤，证券集团诉讼这一外来诉讼模式在我国特殊的运行环境中是否还能够良性启动和健康运行，是需要实践来检验的。试验就会有风险，但是不试验永远都无法检验这一制度对于中国资本市场的适应性。为了将这种试验的负面效应降到最低，笔者在充分论证其合理性的基础上，建议由最高人民法院以司法解释的方式在全国几个城市进行试点，这不失为对这一两难问题的有效解决方案。希望证券集团诉讼能够通过实践效果的检验，为我国资本市场的健康发展助力。

第三节　证券市场中介机构角色冲突抗制的行业自治路径

按照辩证唯物论的基本观点，外因是事物变化的条件，内因才是事务变化的根据，外因最终通过内因起作用。对于证券市场中介机构的角色冲突，无论是政府通过公权力进行的行政监管，还是投资者通过私权利推进的司法诉讼，相较于中介机构行业自治而言，都属于外在的力量。通过中介机构的行业自治来解决其角色冲突问题不失为有效的问题解决路径。中介机构自身对行业的运作方式、运行模式和问题症结所在最为清楚。没有人比自己更能了解和关心自己的事务，因此，行业自治在某种程度上较之于行政监管和司法诉讼更具有优势，同时有效的行业自治也能够更加节约监管和诉讼的成本。但是，需要注意的是，行业自治的设置并非要取代行政监管和司法诉讼这两种问题解决路径，而只是在行政监管和司法诉讼以外，使行业从业主体在自由行为选择地带进行行为导向性自我管理，配合监管与诉讼以达到从整体上对证券市场中介机构角色冲突问题的抗制和阻却。具体而言，设置行业自治机制所需要解决的问题在于行业自治主体、行业自治权的来源和性质以及行业自治的具体措施。只有这些问题都得到恰当的解决，行业自治才能够良性运行，最终达到对证券市场中介机构角色冲突的抗制和阻却。有鉴于此，本节从以上三个问题出发，对证券市场中介机构行业自治展开论述。

一　证券市场中介机构行业自治主体

开展行业自治，首先需要有一个行业组织作为该行业自治机制的自治权行使主体，通过其日常对于组织成员的管理性行为与行业规则制定行为，实现该行业的自治。行业协会作为行业从业者的集合体，对于行业自治的推进有天然的优势，因此无疑是最为合适的选择。

行业协会作为自治团体应该是自治的，同时亦是自主的。自治意味着不像他治那样，由外人制定团体的章程，而是由团体成员按照本意制定章程；自主意味着领导人和团体的行政班子依照团体自己的制度任命，而不像不自主的团体那样由外人任命。[①] 行业协会通过团体成员自身的意愿制定的章程不仅是其自治权的彰显，亦是其自身利益诉求的外部表征。只有行业协会的参与者最清楚其自身的利益诉求是什么，怎样才能够将行业管理得更为恰当和妥帖。行业自治领导团体的选任是对团体自治的最大尊重，在行业自治中至关重要。

---

① 〔德〕马克斯·韦伯：《经济与社会》（上），林荣远译，商务印书馆，1997，第78页。

证券市场中介机构主要涉及证券律师和证券会计师这两个行业，因此中介机构的自治主体亦涉及律师协会和注册会计师协会这两个行业自治协会。此类行业协会的存在不但能够通过发布律师协会章程和注册会计师协会章程对协会会员的行为进行法律以外的软法性质的规制，同时对于立法或监管规则的制定也会起到建议和矫正的作用。以证券律师行业为例，国家对于证券市场中介机构的监管态度一直在严格与宽松之间转换，在证券市场非繁荣期，往往会对其进行宽松监管，但是到了繁荣期，尤其是市场欺诈频发期，对于证券律师的监管会比较严格，但有时会过于严苛，要求律师承担过多的义务和责任。在这种情况下，律师协会作为律师行业的自治组织便能够以自身的态度和行动对监管侧的政策予以矫正。例如本书第二章述及的美国后金融危机时代制定的《萨班斯法案》中的"声响退出"机制被指要求证券律师承担的责任过于严苛，为此美国律师协会对此法案一直持有相当程度的否定态度，这种持续的否定对立法主体而言是不得不去考量的因素。因此，行业协会作为自治主体对行业的自治，对于中介机构角色冲突的抗制和阻却以及对于该行业的自我保护都会起到举足轻重的作用。

二 证券市场中介机构行业自治权的来源和性质

对于证券市场中介机构角色冲突的行业自治路径进行研究，一个无法回避的话题便是行业协会对该行业实行自治的自治权来源。自治权对于行业协会自治是必不可少的，它是行业协会实现其价值功能不可或缺的工具和手段，是要求行业协会成员按照其章程从事活动的正当性基础。律师协会可以通过发布行为指引禁止其成员在证券市场上同时从事针对同一上市公司的审核类业务和咨询类业务这两种相互冲突的业务类型，注册会计师协会亦可以发布相应的行为规范禁止其会员同时为同一

第五章　证券市场中介机构角色冲突的抗制路径

上市公司提供审计服务和咨询服务,进而阻却证券律师和证券会计师出现角色冲突。但是,问题在于,作为行业协会成员的证券律师和证券会计师为什么必须执行律师协会和注册会计师协会所发布的行为指引和规范呢?这就涉及了行业自治的自治权问题。

一个团体的存在和权力是来自公共权威的形成,还是来自创建人的意志,抑或是来自它作为一种联合体所固有的性质?① 我们认为行业协会作为组织体,其对于该行业协会成员的自治权来源于该组织体内部成员对其进行的授权。也就是说,只有参加该组织体的成员基于主观意愿对自身个体权利进行契约性让渡,才能使行业协会具备自治权的合法来源。这种行业协会组织体成员自身权利让渡形成自治权的生成路径,有如卢梭社会契约理论中国家公权力的生成路径:在原始状态中,以个体存在为常态的单个人,在面对强大的自然力时表现出的弱小和生存的障碍,使得人们认识到只有基于主观意愿将自身的私权利进行契约性让渡,形成公权力及其组织即国家,再由公权力主体去行使社会公共管理职能,才能够使市民社会的个体存在达到最优的状态。

在探讨了行业协会的自治权的来源后,我们接下来需要对其性质进行剖析。自治权,究其性质而言,很难将其划分到公权或是私权的领域,应该说它是独立于公、私二元权利(力)划分体制以外的第三种权利(力)形态。其一,自治权不同于公权,它不是国家机关所拥有的权力,自治权的主体是独立于国家机关的社会团体;其二,公权的效力可以遍及不特定社会公众,但是自治权的效力仅仅局限于团体内部成员,对于团体之外成

---

① 〔美〕哈罗德·J. 伯尔曼:《法律与革命——西方法律传统的形成》,贺卫方等译,中国大百科全书出版社,1993,第261页。

员一般无所作为。诚如马克斯·韦伯所言，协会应该是一种达成一致的团体，它按照章程规定的制度，只能对个人要求加入的参加者适用。① 同时，行业协会的自治权与私权也有所不同，自治权的行使主体是行业协会，这不同于私权的行使主体为个人。且自治权存在的价值是使自治组织能够正常运行，达到一种更好的状态；而私权的存在价值是达到权利主体盈利的目的。因此，自治权是一种既不同于公权亦有别于私权的第三种权利（力）形态，兼具公权和私权的二重属性。② 故在行业自治的措施和手段的设置上，亦可以采取公法性手段和私法性手段并用的设置方式。

　　律师协会和注册会计师协会作为行业自治组织，具备行业协会的一般性特征。其自治权的来源是自愿参加该行业协会的律师和注册会计师对其自身权利的契约性让渡。律师协会和注册会计师协会为了阻却其会员发生角色冲突而发布的各项规范和行为指引，便是采用私法手段制定的仅对组织内部成员有效的规则；而对违反各项规范和行为指引的会员所进行的相应处罚则是采用公法手段对违反行为规范的会员进行的事后处罚。尤其是处罚权，其之所以具有正当性，在于律师协会或者注册会计师协会会员在加入时，就表明其自愿按照协会章程让渡自身一部分私权利，服从协会的管理，并且明确表示在自身违反章程的情况下自愿接受协会的处罚。正是基于这种成员认可的行业规则制定权和对违反规则成员的处罚权，律师协会和注册会计师协会作为行业自治组织才能够实现对作为其成员的证券律师和证券会计师的角色冲突的阻却和抗制功能。

---

① 〔德〕马克斯·韦伯：《经济与社会》（上），林荣远译，商务印书馆，1997，第80页。
② 有关行业自治权性质的论述参见鲁篱《行业协会经济自治权研究》，博士学位论文，西南政法大学，2002，第106页。

三 证券市场中介机构行业自治的具体措施

（一）建立行业行为规范，引导中介机构抗制角色冲突

作为中介机构行业自治主体的行业协会，通过其自治权的行使，可以在法律的框架内颁布一系列行为指引来阻却证券市场中介机构在证券市场从业中所出现的职业角色冲突。以我国中介机构的自治状况为例，作为证券律师行业自治组织的律师协会和作为证券会计师行业自治组织的注册会计师协会，虽然已经颁布《律师职业道德和执业纪律规范》及《中国注册会计师职业道德守则》等行业自治文件对律师和注册会计师的日常职业活动进行规制和指引，但是仔细考察不难发现，这两份文件中的规定都是关于整个律师和注册会计师行业的一般性行为指引，并没有考虑到证券律师和证券会计师在证券市场从业的特殊性。面对证券市场的新型业务种类和复杂的角色冲突问题，行业协会应该适时修订或者单独制定关于证券律师和证券会计师的行为指引，作为对行业监管部门行政监管措施的有益补充。

例如，律师协会和注册会计师协会可以针对证券律师和证券会计师，在行为指引中加入禁止律师事务所或会计师事务所对某一上市公司既负责其审核类业务又负责其咨询类业务这种相互冲突的业务承接模式。同时要求在履行审核义务时，证券律师必须在充分履行尽职调查的义务的基础上对法律意见书的真实性负责；证券会计师要在对书面财务报表审核与现场财务盘点做了充分工作的基础上出具审计报告，并且对该审计报告的真实性负责。在此基础上，为了统一标准，可以在规则制定中设计若干种制式报告清单，尽量详尽地列明资本市场信息披露所需要的关键信息，采用《德国公司治理法典》中上市公司对于法典条文

"遵照或解释"（comply or explain）的方式，即证券律师尽职调查以及证券会计师进行财务信息核查时，必须采用此类表格，完成其要求列明的信息，否则需要对未采纳制式表格的原因给出详尽的解释。在证券市场中介机构诚信环境较差的情况下，采用这种"遵照或解释"的方式，不仅尊重了中介机构作为市场主体的自治权，对于提高其执业行为的诚信度亦有所助益。

（二）设定行业协会处罚措施，震慑中介机构，阻却角色冲突

促使个体忠实执行既定规则的最为有效的措施，莫过于对违反规则的个体处以一定的惩罚，即用强制力保证和推进既定规则的实施。证券市场中介机构所在的行业协会为了阻却中介机构角色冲突的发生，已经设定证券市场中介机构行为指引，其必须通过行业协会强有力的行业惩戒权进行推进才能有效实施。以律师行业为例，发达国家的律师行业惩戒权一直是配置给作为行业自治组织的律师协会的。在律师行业高度自治的日本，律师协会拥有对律师完全的惩戒权，其对律师违反律师伦理和会员纪律及律师义务的调查、惩戒完全独立于行政机关和司法机关；在美国，律师协会行使惩戒的调查权和建议权，最后的惩戒由法院完成。这种行业惩戒权的配置与国家的法律传统密切相关。我国将律师行业惩戒权配置给了作为律师行业主管机关的司法部。2004年司法部发布了《关于进一步加强律师监督和惩戒工作的意见》和《律师和律师事务所违法行为处罚办法》，规定了司法行政机关行政处罚的种类有警告、没收违法所得（可并处罚款）、停止执业、吊销执业证书等四种形式。同年全国律师协会修订了《律师协会会员违规行为处分规则（试行）》，规定了律师协会对会员的"行业处分"种类有训诫、通报批评、

公开谴责和取消会员资格。通过后个文件我们可以看出，律师协会对于律师违规惩戒的措施只是停留在业内名誉惩戒的层面，对从业资格和金钱方面的惩戒权则集中于司法部的行政力量手中。这种行业惩戒权的配置对证券市场中介机构而言是不合理的。众所周知，行业惩戒中最为强有力的惩罚措施莫过于对其从业资格的剥夺和金钱方面的惩罚。鉴于证券行业的高度专业性和复杂化，司法部作为行政机关，对于证券市场的许多专业知识和新情况不能够完全掌握和理解，因此其所做出的行业惩戒可能会存在滞后性和不公平性。同时，司法部作为行政主体，存在出现公权力设租、寻租行为的可能。将行业惩戒权配置给司法部，很有可能会导致权力寻租现象的出现，不利于中介机构行业自治的开展。另外，证券律师的声誉好坏、执业行为的廉洁与否以及该行业的持续生存能力都与作为行政机关的司法部没有任何关系，二者不会产生利益纠葛。但是以上几点与律师协会这一律师行业的职业共同体利益牵连关系重大。如果律师协会持续允许角色冲突导致的合谋损害投资者利益的行为大肆发生，就会形成社会对于整个律师行业的否定性评价，不利于全行业的发展。此时，作为行业自治组织的律师协会与此事有最密切的联系，因此也有动力去维护全行业的健康成长。因此，从法律经济学"成本—收益"分析的角度考量，将资格剥夺、声誉下降、没收违法所得的行业惩戒权配置给作为中介机构自治组织的律师协会，在降低治理成本和规制所产生的收益方面的效果都会远优于现行的制度设计。有鉴于此，笔者认为，为了将证券市场中介机构的角色冲突控制成本降到最低，有必要扩大行业协会对于其成员惩戒权的种类和范围，对该行业的违法行为进行行业内治理，以期更好地配合政府的行政监管和投资者的司法诉讼，来共同完成对中介机构在证券领域从业角色冲突的抗制。

第四节　关于中介机构组织对投资者侵权责任先行补偿机制的探讨

在论述了行政监管、司法诉讼与行业自治层面的解决路径后,接下来笔者拟对证券市场中介机构角色冲突的一个全新解决思路即中介机构组织对投资者侵权责任先行补偿机制(以下简称"中介机构组织先行补偿机制")做出专门性探讨,以期对中介机构角色冲突问题的解决有所助益。

本书开篇所提到的我国资本市场创业板万福生科虚假陈述导致投资者损失案件中,涉案中介机构组织对投资者进行先行补偿的做法是值得我们关注的。在该案中,为万福生科上市服务的中介机构组织平安证券创建了一种全新的问题解决方案——中介机构组织先行补偿机制。平安证券作为保荐万福生科上市的中介机构组织,通过自身出资设立专项补偿基金的方式,针对在该次事件中受到虚假陈述侵害的投资者进行专项补偿。基金选任的管理机构是受国务院直接领导的中国证券投资者保护基金有限责任公司,其负责该项基金的日常管理及运作。该先行专项补偿基金总数达到3亿元人民币之巨,在为期2个月的时间内接受被侵害投资者的利益诉求。在对受损失的投资者进行先行补偿后,平安证券保留向万福生科追偿的权利。

这种由对广大投资者损失负有侵权责任的中介机构组织来提供先行补偿资金对投资者进行补偿的机制,可谓保护资本市场广大投资者的一项创新之举,对资本市场的健康发展和投资者的保护有重大意义。虽然在万福生科案中平安证券已经采取这样的做法,但是这只是停留在个案层面的应用,并没有上升为一般规则,也没有相关法律对其进行规定。在资本市场规制问题上,个案的做法虽然对涉案的投资者保护起到了积极作用,但是该做法的正当性基础、可行性空间、操作的具体步骤、适用范围等问题都没有经过系统、详细的学术论证。这与将该制度打造成资本市场侵权行为背景下投资者保护的普遍规则还有相当距离。尤其是这种由涉案中介机构组织主观意愿推动形成的先行补偿机制是否应该进入立法的视野由法律专门规定,也需要进行进一步的学术论证。本节拟从该机制的正当性、适用范围以及具体制度设计等几个方面对其进行论证,以期为中介机构角色冲突导致的侵权行为造成的资本市场投资者的利益受损问题提供新的解决思路。

一 中介机构组织先行补偿机制的正当性分析

首先,中介机构组织先行补偿机制的设置符合侵权责任法的价值诉求。侵权责任法的首要价值诉求在于,通过法律责任的配置达到对因侵权行为受到损害的受害人的补偿功能。具体而言,侵权责任法的补偿功能是对侵权行为受害者损害的填补,即侵权行为人在实施侵权行为并造成受害人的实际损失以后,行为人须向受害人支付赔偿金,填补受害人所受到的损害。按照侵权责任生成的法理,法律应该将赔偿责任配置给损害行为的实施者或者侵害风险的引入者。按照这一逻辑,证券市场中介机构组织是否应该承担对投资者先行补偿的义务呢?通过前面第三章对于中介机构与投资者之间侵权关系面向的分析,我们不难发现,正是中介机构为了自身利益与上市公司合谋发布了虚假信息,才导致广大投资者的利益损失,其合谋造假的行为便属于损害行为;同时,中介机构没有履行其对于上市公司信息披露的审核义务,并未做好资本市场的"看门人",导致虚假信息流入市场,才致使广大投资者接触到这些虚假信息继而受到损害，在这一层面，证券市场中介机构对于投资者而言又是损害风险的引入者。根据侵权责任配置的法理，中介机构组织采取的对投资者先行补偿机制有正当性基础。

其次，中介机构组织先行补偿机制对于保护资本市场广大投资者更具有执行力。在以往证券侵权民事诉讼中，由于处于弱势地位的广大投资者自身缺乏专业知识和技能，对其利益的保护一直是证券司法诉讼中无法弥合之殇，牵绊着证券监管层和商事审判者的心。现有相关法律法规虽然赋予了投资者通过民事诉讼获得赔偿的权利，但在诉讼结果尤其是证券市场虚假陈述民事赔偿诉讼结果方面，最终获得赔偿的投资者占总人数的比例十分低。具体而言，目前我国证券市场司法诉讼的手段还难以起到保护广大投资者的作用。因为证券诉讼受审判耗时长、技术手段复杂、专业性较强以及举证困难等多重因素困扰。按照最高人民法院发布的《关于审理证券市场因虚假陈述引发的民事赔偿案件的若干规定》（法释〔2003〕2号）的规定，证券诉讼的受理需要以证券监管部门对被告违法行为的认定或法院的刑事判决为前涉性程序，这就在相当程度上对广大投资者关闭了司法救济的大门。即使少部分诉讼能够成功进入审判阶段，鉴于因果关系认定困难、举证过程复杂等因素，这一救济渠道的成功实现变成了看上去很美的"镜花水月"之幻象。中介机构组织先行补偿机制的探索在一定程度上对上述难题起到了缓解作用，只要受到虚假陈述损害的投资者符合法释〔2003〕2号文件中的适格投资者规定，就可以从中介机构组织先行补偿基金中得到补偿，这样就减少了投资者参与诉讼所面临的诸如举证困难之类的技术性难题，因此，该机制在资本市场投资者保护问题上具备更强的执行力。

最后，中介机构组织先行补偿机制并未加大中介机构组织原本应该承担的损害赔偿义务。中介机构组织先行补偿机制虽然是由中介机构组织先行出资设立补偿基金，但是这并不意味着加大中介机构组织原本应该承担的义务份额。对于资本市场虚假陈述的民事侵权案件，通常情况下上市公司和中介机构组织会被列为共同被告，二者应该按照各自的过失程度承担相应的责任份额。先行补偿机制的技术手段在于中介机构组织追偿机制的设置，即中介机构组织对投资者履行损害赔偿义务后，便取得了其对于上市公司造成损害的代位追偿权。在这种情况下，总体的损害赔偿责任并没有增大，只是请求权在不同主体之间进行了自愿性移转。从法律经济学的视角考察，中介机构组织相较于投资者而言，在参与诉讼问题上更具优势，由中介机构组织承担起与上市公司在诉讼中的对抗责任无论从技术方面还是从双方实力对比方面显然都更合理。在这个过程中，对于中介机构组织而言，唯一损失便是由其先行垫付的投资者赔付基金所产生的货币时间价值[①]的损失。但是就货币时间价值本身而言，其又只是财务管理学上对资金的预期收益的一种计算方式，并未进入法学研究的视野。退一步讲，在考虑货币时间价值的情况下，先行补偿行为在财务管理学上的原理是中介机构组织将货币的时间价值自愿让渡给了受到损失的广大投资者，这是其对侵权行为积极补偿态度的体现，在监管机构对其处罚的过程中，这一点可以作为酌情因素进行考量。对于这一问题，笔者将在后文中进行更加详细的论述。

二 中介机构组织先行补偿机制的适用范围

中介机构组织先行补偿机制的适用范围，必须严格按照《证券法》

---

① 货币的时间价值（time value of money）是指当前拥有的货币比未来收到的同样金额的货币具有更大的价值。因当前拥有的货币可以进行投资、复利，即使有通货膨胀的影响，只要存在投资机会，货币的现值便会大于它的未来价值。

等相关法律以及最高人民法院发布的《关于审理证券市场因虚假陈述引发的民事赔偿案件的若干规定》进行界定。上述法律法规对于如何界定虚假陈述受害者有明确的规定。① 最高人民法院出台这一司法解释的目的在于明确符合条件的投资者范围,确定的核心在于认定虚假陈述与投资者遭受损害结果之间的因果关系,其立法本意是使由虚假陈述直接导致的二级市场交易损失者获得补偿。中介机构组织先行补偿机制要求对于适格投资者也必须在《证券法》和以上司法解释的范围内进行认定。但是鉴于先行补偿机制设置目的在于尽量使符合条件的所有投资者都能够得到相应的补偿,该补偿机制的适用范围原则上应该遵循补偿充分性原则,即在法律允许的框架内,尽可能多地扩大适格投资者的范围。具体而言,在虚假陈述实施日之后买入并持有该股票,并且在虚假陈述揭露日之前卖出股票的投资者,都应被认定为虚假陈述行为的受害者。这种先行补偿机制适用范围的设定原则无论对于投资者的利益保护难,还是对于资本市场主体之间的力量不平衡导致的赔付行为周期长、获赔难的问题,都提供了一个有效的解决方案。

三 中介机构组织先行补偿机制的具体制度设计

(一) 中介机构组织先行补偿机制的资金来源

解决好中介机构组织先行补偿机制的资金来源问题,是该制度能够有效运行的前提和基础。只有存在充足的资金,才能够解决该制度运行

---

① 最高人民法院发布的《关于审理证券市场因虚假陈述引发的民事赔偿案件的若干规定》第18条到第20条针对证券买卖的时间节点、投资者主观因素、市场系统风险等列明了认定虚假陈述与损害结果之间因果关系存在的技术性因素。

的物质基础问题。中介机构组织先行补偿机制的资金应该从何处来？笔者认为，作为对侵权行为所造成损害结果的一种赔偿机制，补偿资金应该由侵权行为的实施者或者是损害风险的引入者来提供，这样的做法符合侵权责任配置的法理。我国作为证券市场还未完全成熟的发展中国家，对于中介机构组织先行补偿机制的资金来源问题，目前并未做出明确规定。我国2019年修订的《证券法》第220条规定了证券违法行为人的民事赔偿责任和行政罚款责任同时存在且民事责任优先[①]，但是只有在进入司法诉讼后才能适用《证券法》第220条。然而，实践中的情况是，按照最高人民法院相关司法解释，证券侵权民事诉讼要以证监会的行政处理或法院的刑事判决为其前置程序。证监会进行处理后一般都会对违法行为人进行相应的罚款。此时可能造成的情况是，违法行为人的剩余财产在民事诉讼的赔偿判决面前会显得微不足道。而且证监会的处理、处罚程序结束后，对违法行为人处罚的罚金会上缴国库，而我国现行法律中对于此类问题没有规定如何处理。此时，域外资本市场的先进经验或许能够为中介机构组织先行补偿机制的资金来源问题提供相应的指引和参照。证券市场最为发达的美国为了应对相同的问题设立了投资者公平基金。该基金的资金来源为证券市场违法行为人的违法所得以及其为违法行为所支付的民事罚金。从理论上讲，证券市场违法行为人的违法所得的来源恰恰就是受到违法行为侵害的投资者所遭受的损失，二者具有相当程度的对等性。所以有必要通过剥夺违法行为人的违法所得来先期填补投资者的损失。此外，由SEC作为原告，在美国法院提起的对于证券市场违法行为人的民事罚金也构成投资者公平基金的一部

---

① 2019年修订的《证券法》第220条规定："违反本法规定，应当承担民事赔偿责任和缴纳罚款、罚金、违法所得，违法行为人的财产不足以支付的，优先用于承担民事赔偿责任。"

分资金来源。美国《1934年证券交易法》和2010年7月通过的《多德－弗兰克法案》都规定了民事罚金条款。① 因此，鉴于资本市场运作的相似性和证券业务共通性，在借鉴美国成熟的立法经验基础上，结合我国实际情况，可以将中介机构组织先行补偿机制的资金来源规定为侵权行为实施者的违法所得以及对其可能判罚的民事罚金。②

（二）中介机构组织先行补偿机制的具体操作

1. 中介机构组织先行补偿机制的赔偿数额计算问题

中介机构组织先行补偿机制在补偿数额方面，应该具体遵循"充分补偿"的原则，对于同时符合多种不同情形的投资者应分别计算，并按有利于投资者的原则确定最终补偿金额。赔付的项目由以下部分构成：虚假陈述造成的投资差额损失、投资差额损失部分的佣金和印花税以及资金的利息。在具体的算法选择、公式参数和细节设定等方面，先行补偿机制应该为投资者带来更优补偿结果的安排。例如在补偿金额计算中，可以考虑设计成不予扣除证券市场系统性风险，佣金费率按照目前市场最高标准3‰计算，资金利息在无法明确区间的情况下按照最早起

---

① 美国《1934年证券交易法》关于"民事罚金"的规定为，美国证券交易委员会可以依法在全国各地法院提起诉讼，请求处以民事罚金，而法院也有权处以民事罚金，罚金由在发生违反规定情况时直接或间接控制的违法行为人承担。一般来说，在内幕交易诉讼案件中，美国证券交易委员会可以主张判处违法行为人支付内幕交易违法所得额3倍的民事罚金；其他类型的案件的民事罚金数额则取决于行为人为自然人还是法人、违法行为的性质、违法行为是否导致投资者遭受实质性的损失或有遭受实质性损失的风险等。《多德－弗兰克法案》规定美国证券交易委员会通过执法行动判罚的任何罚金都可以归入公平基金，而不论处罚对象是否被追缴违法所得。当然，不论相关民事罚金是源于涉案的董事、高管或股东、会计师个人，还是源于公司或会计师事务所，都能够用来补偿受害者。

② 关于中介机构组织先行补偿机制资金来源制度设计的域外立法资料参见徐强胜《论我国证券投资补偿基金制度的构建》，《法商研究》2016年第1期。

点计算等。这种计算的方法对投资者的损失补偿最为有利,尤其是不予扣除证券市场系统性风险对投资者收益造成的潜在损失这项规定,对投资者而言,无疑是在最大程度上保护了其利益。并且在无法明确的、模糊的问题上都朝着对投资者有利的方向解释,对投资者保护可谓最为有利。

2. 中介机构组织先行补偿基金的管理主体问题

在作为违法行为实施者的中介机构组织为基金提供了先行补偿资金后,该基金管理主体的选任成为一个重要问题。只有为基金选任一个公正的基金管理主体,才能够使这笔先行补偿基金的作用落到实处。基金管理主体应该由独立公正的市场第三方主体来担任,该独立第三方主体的价值追求应该是维护资本市场运行秩序以及保护广大投资者的利益。在这种情况下,中国证券投资者保护基金有限责任公司作为受托管理先行补偿基金的管理主体,是较好的选择。原因在于该公司作为国务院批准设立的非营利性机构,其设立的目的就是保护资本市场的广大投资者。因此,由该机构作为先行补偿基金的管理主体,其工作的目标与该基金自身的价值取向具备高度的契合性,能够确保其管理的专向补偿资金被优质、高效地利用。另外还有一个重要原因在于,中国证券投资者保护基金有限责任公司作为在资本市场中专业运作证券投资者保护基金的公司,有多年丰富的资本市场从业经验,具有专业的优势,同时拥有强大的法律和会计方面的专家,对于补偿方案涉及的相关工作能够进行充分的专家论证,确保方案的科学性与可行性。[①] 因此,在当前背景下,将中国证券投资者保护基金有限责任公司选任为中介机构组织先行补偿基金的管理主体是最优的选择。

---

① 陈洁:《证券市场先期赔付制度的引入及适用》,《法律适用》2015 年第 8 期。

3. 中介机构组织先行补偿选择权与证券侵权的诉权的关系问题

落实中介机构组织先行补偿机制的一个重要问题在于，对投资者而言，如果接受了损害行为实施方提供的先行补偿资金，是否还具有对该损害行为实施者以及其他承担连带责任的损害行为实施者的诉权？这个问题的顺利解决，对于中介机构组织先行补偿机制的有效实施至关重要。因为先行补偿机制的设计原理是由作为违法行为实施者的中介机构组织出资，在未经司法审判的情况下，对受损害的投资者的损失先期进行赔付，并与投资者签订损害赔偿请求权的权利移转协议。按照协议规定，中介机构组织在先行补偿了投资者的损失后，便取得了其损失的代位追偿权，也就是说，其代位追偿权取得的对价是其向投资者支付的先行补偿资金。此时从补偿结构上讲，投资者的损失已经得到填补，侵权责任法的调整功能业已实现，如果此时再赋予投资者对侵害行为的诉权，很可能会造成投资者"双向通吃"的机会主义行为和道德风险的发生。当然，如果投资者认为通过先行补偿获得的赔偿不足以弥补其损失，在这种情况下，在制度设计上不应该剥夺其对于该损害行为的诉权。因此，正确的权利配置结构应该是，法律允许受到损害的投资者在先行补偿和侵权之诉两种问题解决路径中，按照自身意愿选择其中之一。但是投资者一旦选择要求先行补偿的处理方式，便不得再对损害行为提起侵权之诉，这种做法也能在最大程度上尊重市场主体理性行为选择，将投资者保护工作真正落到实处。

四 中介机构组织先行补偿机制的立法倾向性

建立中介机构组织先行补偿机制不得不面对的一个问题是，应否将中介机构组织先行补偿机制上升到立法的高度。对于这一问题我们可以进行正反两面分析。如果将该机制上升到立法的高度能够对违法行为实

第五章 证券市场中介机构角色冲突的抗制路径

施者起到极大的震慑作用,可能会减少此类侵害行为的发生概率,但这也仅是一种可能的状态。要将该机制上升到立法的高度无外乎采用两种手段:一是针对中介机构组织先行补偿机制进行专门立法;二是修改现行《证券法》,在其中某一章加入中介机构组织先行补偿机制的内容。无论哪一种做法,都会产生一定的问题。

修改立法的前提是穷尽现行法中的一切制度规则也没有办法解决这一问题。但是如果在现行法律框架内存在相关规定,或者通过法解释论的技术手段能够对此问题进行解决,则设立新法就是不必要的。而且制度设计和运行都需要一定成本。同时,在设立新法后,可能会产生新的问题需要解决,亦会徒增立法成本。对于中介机构的违法行为,现行法律已经通过侵权之诉给出了明确的解决方案,并不属于法律对受损害投资者没有提供救济出口的情形。另外,中介机构组织先行补偿机制中的资金来源是违法行为实施者自愿支付的补偿基金,如果上升到立法的高度,规定违法行为实施者必须对其侵权行为承担先行补偿的义务,是不符合其行为意愿的。另外一个值得注意的问题是,先行补偿基金的设立并不必然免除违法行为实施者面对侵权之诉的风险。例如在虚假陈述侵权情形中,中介机构组织设立了先行补偿基金,有50%的投资者选择了用先行补偿机制解决问题,而另外50%的投资者选择到法院提起侵权之诉。在这种情况下,如果先行补偿制度是经过立法确立的,那么强迫中介机构组织设立先行补偿基金,对其而言公平性是有待商榷的,而且也徒增司法制度运行的成本。

有鉴于此,笔者认为科学合理的制度推进方式应当是,通过规则设定引导和激励违法行为实施者主动设立先行补偿基金。具体而言,证监会在对证券违法行为实施者进行行政处罚时,可将先行补偿基金的设立作为对其实施处罚时自由裁量权行使的一个酌情参考因素,即如果违法行为实施者在该侵权行为发生之初便主动设立了先行补偿基金，表明其有解决问题的决心和对损害赔偿的诚意，则证监会对其进行处罚时，可在自由裁量权的范围内酌情减轻处罚。这样的制度设计更加符合理性选择的制度设计进路，充分尊重主体的自我行为选择，符合行为主体自我利益最大化的"理性经济人"行为特质。若中介机构组织不设立先行补偿基金，投资者通过侵权之诉在法院的判决下亦能够获得损害赔偿，只是时间可能会略长，同时，证监会还会对违法行为人做出较重的处罚。与之相对应，违法行为者设立了先行补偿基金，在先行补偿之后，其取得了对其他违法行为实施者的代位追偿权，能够把先行补偿的那部分资金通过代位追偿的方式取回，实际上并没有多付出任何资金，同时还能够在证监会的处罚中获得酌情较轻的处罚。这两种情况相比较，作为"理性经济人"的违法行为实施者，出于自身利益最大化的考量，会主动选择设立先行补偿基金。由此既不会产生由立法所导致的新的制度成本问题，也能够促使违法行为实施者主动设立先行补偿基金。因此，笔者认为在现阶段将中介机构组织先行补偿机制设置成一个由违法行为实施者自愿选择的问题解决机制，要优于将其上升为立法规定的强制性机制。

中介机构组织先行补偿机制作为证券市场中介机构角色冲突导致的对广大投资者侵权责任的一个新型的承担方式是证券市场法治化的一次全新的有益探索与尝试。该机制不仅解决了以往由证券侵权诉讼举证困难、技术性较强、赔付周期较长造成的受到损失的资本市场投资者保护难的尴尬局面，同时也是遵循理性选择制度设计思路，在充分尊重市场主体理性行为选择和私人博弈基础上的一次有益尝试，对资本市场投资者保护难题的解决以及证券市场中介机构侵权行为的规制都将起到积极的示范作用。

第五节　证券市场中介机构角色冲突预防机制的构建

任何问题的事后解决方案，都是对业已发生问题的一种补救性对策，是对该问题所造成损害的一种事后救济方式，因此，该类方案的运行都会涉及一定的对策运行成本。依据"成本—收益"的法律经济学分析范式，最优的问题解决方案便是构建问题发生的预防机制，努力从源头上阻却该问题的发生，这样便会不需要后续一系列制度对策，能够有效减少损害与救济机制运行的成本。

针对证券市场角色冲突问题，无论是行政监管、司法诉讼还是行业自治的问题解决进路，都存在各自的运行成本，且都是在损害发生后的救济机制。因此，应该跳出既有制度设计的樊篱，突破以往模式化的桎梏，从全新的角度审视问题，建构预防机制，阻却中介机构角色冲突情况的发生。按照前文对该领域参与者法律关系的分析，借鉴美国《萨班斯法案》中先进的治理理念，对于中介机构角色冲突预防机制而言，审核类业务与咨询类业务的二元分离能够有效地对其角色冲突问题进行预防。

中介机构角色冲突出现的重要原因在于，资本市场上中介机构的业务同时涉及本就存在冲突的审核类业务与咨询类业务。因此改革中介机构服务范围这一市场供给侧的做法势在必行。关于证券市场中介机构的角色冲突的本质，在第三章中介机构角色冲突的契约伦理面向中已经清楚地论述，存在角色冲突的原因在于，按照证券法的要求，中介机构组织与上市公司签订了审核类业务的合同，负责对其所披露信息的真实性进行审核，这种审核的服务对象是资本市场的广大投资者，但是，除审核类业务以外，中介机构还积极争取上市公司的咨询类业务。如果说，在审核类业务中，此类中介机构还会顾虑到证券法的约束，基于其法定义务为广大投资者的利益服务，那么在咨询类业务中，这些中介机构的唯一服务对象就是上市公司，中介机构为其服务，不需要考虑投资者的利益，加之双方之间纯粹基于合同和利益取向的雇佣关系，导致中介机构为了得到利润较高的咨询类业务，不惜在做审核类业务时为维护雇主的利益而甘愿与之合谋。正是因为咨询类业务的高额利润，各个中介机构都会选择在进行其对上市公司的审核类业务时主动与上市公司管理层示好，甚至出具虚假的审计报告和法律意见书，取悦公司管理层。也就是说，在一定程度上，出现中介机构角色冲突的一个基础性的原因就在于，资本市场上的审核类业务和咨询类业务可以由同一中介机构组织同时完成。

上文已经分析证券市场的审核类业务与咨询类业务归属同一中介机构组织的情形是造成角色冲突的重要原因，为了确保中介机构角色冲突问题得到抗制，笔者认为应该将现行体制下的审核类业务与咨询类业务进行二元分离，即中介机构组织只能从事同一公司审核类业务或咨询类业务中的一种，不能让其有机会同时参与这两类业务。具体而言，可以参照美国《萨班斯法案》第201条规定[①]来设置审核类业务与咨询类业务的分离。该法案第201条明确规定中介机构组织在从事审核类业务时，如果再向同一家公司提供与咨询有关的服务则会被识别为从事违法活动而被追责。按照"不完备法律理论"关于剩余立法权分配的原则，可以由证券业主管部门——中国证监会以部门规章的形式在证券市场中介机构业务范围指引类文件中规定，在中华人民共和国境内

---

① 《萨班斯法案》第201条规定，任何在册的会计师事务所（以及任何由SEC认定的与该所相关联的人员），在为发行人提供审计业务的同时，为该发行人提供如下非审计业务是非法的：……（8）提供与审计无关的法律服务或专家服务……

第五章 证券市场中介机构角色冲突的抗制路径

从事证券市场服务业务的律师事务所和会计师事务所，在提供审核类服务的情况下，不能同时为其雇主提供审核类服务以外的咨询类服务，包括为上市公司提供财务、税务和商业结构等方面的咨询类服务，否则将被视为从事违法行为而受到相应的处罚。但是值得注意的是，这样规定的一个直接结果是，审核类业务和咨询类业务的巨大利润差距以及"理性经济人"自我利益最大化的行为特质，可能会诱发大量中介机构组织主动放弃审核类业务，转而投向咨询类业务领域。长此以往，将导致审核类业务的从业者紧缺，不利于资本市场的中长期发展。对于此问题，可以通过中国证监会建立审核类业务从业机构名录，将具备资质的从业机构都包含在该名单之内来解决。当公司需要审核类业务的情况下，在名单中以招投标的方式，在愿意参加投标的机构中，通过价格等因素综合选择来确定最终的合作机构。这种模式最容易遭到指责的方面在于，中介机构组织可能会因为更加愿意参与利润较高的咨询类业务，而变得没有动力去争取审核类业务，所以投标过程很可能会变成一场中介机构组织之间投标价格的逆向竞争，即参与竞争各方都会将价格抬高以躲避中标。但是这种躲避竞标的行为久而久之也会使中介机构组织失去与目标公司的合作机会，从而减少了解客户的机会，长此以往也会在一定程度上失去获得咨询类业务的机会。在这种情况下，作为市场主体的中介机构组织能够通过使自身利益最大化的行为选择和相互之间的博弈最终使审核类业务正常运行，进而使这样的机制运行下去。构建这种机制的好处在于，能够通过规则的设定，构建出一个市场主体的行为框架，在该框架中，各方主体从自身利益进行考量，来决定自己的行为选择，充分尊重私人博弈对制度的型构功能，同时也能够将作为公正一方的证监会的干预介入主体行为选择中来，使之更具公平性和科学性，由此，便对证券市场中介机构的角色冲突构成了有效的抗制。

结　论

　　证券市场中介机构的角色冲突问题一直是羁绊资本市场发展的一大顽疾，对广大投资者的利益造成了严重损害。证券市场作为一个高度专业化与复杂化的资本交易场域，存在交易主体之间力量对比极度不平衡、信息偏在等严重问题。保证所披露信息的真实性是解决上述问题的有效途径。鉴于证券市场广大投资者自身专业知识和能力的缺失，其对上市公司披露信息的真伪缺乏识别能力，这就需要具备专业技能的证券会计师和证券律师等证券市场中介机构通过其自身技能对上市公司信息披露做出判断，并以其拥有的"声誉资本"对这些信息的真实性进行担保，以资本市场"看门人"的角色为广大投资者甄别上市公司披露信息的真伪，从而维护资本市场广大投资者的利益。

　　但是基于"理性经济人"自我利益最大化的行动逻辑，证券市场中介机构自身存在严重的角色冲突。一方面，基于证券市场中介机构组织同上市公司之间的委托合同，证券市场中介机构需要对上市公司负责，以实现上市公司利益最大化为自身行动价值取向，扮演着"上市公司利益坚实维护者"的角色；另一方面，按照证券法的规定，证券市场中介机构需要对广大投资者负责，确保投资者利益不受到上市公司的侵害，又扮演着"证券市场投资者利益忠实守护者"的角色。而上市公司与证券市场投资者,二者利益在一定意义上存在背离和对立,这就使得证券市场中介机构陷入严重的角色冲突之中。如果不对角色冲突问题加以解决,最终会使资本市场广大投资者利益受到严重侵害。

本书通过类型化方式对证券市场中介机构角色冲突进行分类阐释,将其划分为基于委托合同法理的角色冲突和基于审核类业务与咨询类业务二重交错的角色冲突。基于委托合同法理的中介机构角色冲突发生原因主要在于会计争议与资本市场法律政策模糊地带的存在。通过一些手段,在上市公司与资本市场广大投资者之间的利益平衡上,中介机构会在不违反法律的情况下自觉地向上市公司一方倾斜,从而损害投资者利益。在二重业务交错背景下的角色冲突中,中介机构为了获取咨询类业务的高额利润,会主动与上市公司交好,亦会基于"理性经济人"行为特质选择维护上市公司的利益,甚至会在违法成本不足以对其造成震慑的情况下,选择与上市公司合谋,帮助其粉饰披露信息的数据,转变成为资本市场虚假信息披露的推手。因此,在证券市场中介机构的角色冲突中,中介机构总是会基于其行为理性而选择"上市公司利益坚实维护者"的职业角色。这会对本就处于弱势地位的广大投资者造成极大利益损害。因此,必须对该问题予以重视和解决。

有鉴于此,本书分别从行政监管、司法诉讼以及行业自治等方面提出该问题的解决对策。本书认为,在行政监管层面,应该重构委托—代理关系、构建同业举报制度以及加大违法成本,实施比例处罚机制及降低"声誉资本"等行政监管与行政处罚措施。在司法诉讼层面,本书通过中介机构与广大投资者之间侵权关系的识别,从侵权之诉构成要件方面入手,对于原告资格、损害赔偿范围、归责原则以及证券集团诉讼等措施进行专门探讨。在行业自治层面,本书分别从自治主体、行业自治权的来源和性质以及具体自治措施等方面进行论述。在此之后,集中探讨了中介机构组织对投资者侵权责任的先行补偿机制，为中介机构角色冲突问题提供新的解决思路。与此同时，本书建议通过对中介机构市场业务范围的改革构建中介机构角色冲突预防机制。依托以上措施为证券市场中介机构角色冲突提供多维解决路径。通过这些措施建议，笔者期望能够对证券市场中介机构角色冲突问题最终的解决以及广大投资者利益的保护与资本市场长期健康发展有所助益。

参考文献

一 中文文献

（一）专著类

1. 蔡立东：《公司自治论》，北京大学出版社，2006。
2. 傅穹：《重思公司资本制原理》，法律出版社，2004。
3. 刘燕：《会计师民事责任研究：公共利益与职业利益的平衡》，北京大学出版社，2004。
4. 耿利航：《中国证券市场中介机构的作用与约束机制——以证券律师为例证的分析》，法律出版社，2011。
5. 王利明：《侵权行为法研究》（上卷），中国人民大学出版社，2004。
6. 杨立新：《侵权法论》（第2版），人民法院出版社，2004。
7. 李东方：《证券监管法律制度研究》，北京大学出版社，2002。
8. 张文显主编《法理学》（第2版），高等教育出版社、北京大学出版社，2003。
9. 高鸿业主编《西方经济学》（第2版），中国人民大学出版社，2000。
10. 苏力：《法治及其本土资源》（第3版），北京大学出版社，2015。
11. 刘俊海、宋一欣主编《中国证券民事赔偿案件司法裁判文书汇编》，北京大学出版社，2013。

12. 林毅夫：《解读中国经济》，北京大学出版社，2012。

13. 黄仁宇：《资本主义与二十一世纪》，生活·读书·新知三联书店，2006。

14. 黄仁宇：《中国大历史》，生活·读书·新知三联书店，2007。

15. 黄仁宇：《万历十五年》，生活·读书·新知三联书店，2006。

16. 吴敬琏：《当代中国经济改革教程》，上海远东出版社，2010。

17. 葛家澍、林志军：《现代西方会计理论》（第3版），厦门大学出版社，2011。

18. 张忠民：《会计责任论》，中国财政经济出版社，2005。

19. 叶陈刚、程新生、吕斐适编著《会计伦理概论》，清华大学出版社，2005。

20. 谭立：《证券信息披露法理论研究》，中国检察出版社，2009。

21. 郭雳：《证券律师的行业发展与制度规范》，法律出版社，2013。

22. 郭锋编著《中国证券监管与立法》，法律出版社，2000。

23. 吴志攀、白建军主编《证券市场与法律》，中国政法大学出版社，2000。

24. 程啸：《证券市场虚假陈述侵权损害赔偿责任》，人民法院出版社，2004。

25. 徐家力、吴运浩编著《中国律师制度史》，中国政法大学出版社，2000。

26. 叶青、顾跃进主编《中国律师制度研究》，上海社会科学院出版社，2005。

27. 齐斌：《证券市场信息披露法律监管》，法律出版社，2000。

28. 范健、王建文：《证券法》（第2版），法律出版社，2010。

29. 崔建远：《合同法总论》（中卷），中国人民大学出版社，2012。

30. 李永军：《合同法》（第3版），法律出版社，2010。

31. 韩世远：《合同法总论》（第 3 版），法律出版社，2011。

32. 崔建远主编《合同法》（第 5 版），法律出版社，2010。

33. 杨亮：《内幕交易论》，北京大学出版社，2001。

34. 马其家：《证券民事责任法律制度比较研究》，中国法制出版社，2010。

35. 叶林：《证券法》（第 2 版），中国人民大学出版社，2006。

36. 施天涛：《公司法论》（第 2 版），法律出版社，2006。

37. 张民安：《公司法上的利益平衡》，北京大学出版社，2003。

38. 周友苏主编《新证券法论》，法律出版社，2007。

39. 赵万一主编《证券交易中的民事责任制度研究》，法律出版社，2008。

40. 章武生等：《外国群体诉讼理论与案例评析》，法律出版社，2009。

41. 杨峰：《证券欺诈群体诉讼制度研究》，中国社会科学出版社，2007。

42. 范愉编著《集团诉讼问题研究》，北京大学出版社，2005。

43. 朱锦清：《证券法学》（第 3 版），北京大学出版社，2011。

44. 沈朝晖：《证券法的权力分配》，北京大学出版社，2016。

45. 朱伟一：《美国证券法判例解析》，中国法制出版社，2002。

46. 沈四宝、丁丁主编《公司法与证券法论丛》（第 3 卷），对外经济贸易大学出版社，2011。

47. 黄红元、徐明主编《证券法苑》（第 14 卷），法律出版社，2015。

48. 陈聪富：《侵权归责原则与损害赔偿》，北京大学出版社，2005。

49. 程啸：《侵权责任法》（第 2 版），法律出版社，2015。

（二）译著类

1. 〔美〕路易斯·罗思、乔尔·赛里格曼：《美国证券监管法基础》，张路等译，法律出版社，2008。

2. 〔美〕托马斯·李·哈森：《证券法》，张学安等译，中国政法大学出版社，2003。

3. 〔美〕本杰明·格雷厄姆、戴维·多德：《证券分析》（原书第6版），巴曙松等译，中国人民大学出版社，2013。

4. 〔美〕约翰·C. 科菲：《看门人机制：市场中介与公司治理》，黄辉、王长河等译，北京大学出版社，2011。

5. 〔英〕艾利斯·费伦：《公司金融法律原理》，罗培新译，北京大学出版社，2012。

6. 〔美〕罗伯塔·罗曼诺编著《公司法基础》（第2版），罗培新译，北京大学出版社，2013。

7. 〔德〕托马斯·莱塞尔、吕迪格·法伊尔：《德国资合公司法》，高旭军等译，法律出版社，2005。

8. 〔德〕格茨·怀克、克里斯蒂娜·温德比西勒：《德国公司法》，殷盛译，法律出版社，2010。

9. 〔美〕哈威尔·E. 杰克逊、小爱德华·L. 西蒙斯编著《金融监管》，吴志攀等译，中国政法大学出版社，2003。

10. 〔美〕莱瑞·D. 索德奎斯特：《美国证券法解读》，胡轩之、张云辉译，法律出版社，2005。

11. 〔日〕森田章：《公开公司法论》，黄晓林编译，中国政法大学出版社，2012。

12. 〔日〕谷口安平：《程序的正义与诉讼》，王亚新、刘荣军译，中国政法大学出版社，1996。

13. 〔美〕本杰明·卡多佐：《司法过程的性质》，苏力译，商务印书馆，1997。

14. 〔美〕弗兰克·伊斯特布鲁克、丹尼尔·费希尔：《公司法的经济结构》（中译本第 2 版），罗培新、张建伟译，北京大学出版社，2014。

15. 〔美〕莱纳·克拉克曼、亨利·汉斯曼等：《公司法剖析：比较与功能的视角》，罗培新译，法律出版社，2012。

16. 〔美〕阿道夫·A. 伯利、加德纳·C. 米恩斯：《现代公司与私有财产》，甘华鸣、罗锐韧、蔡如海译，商务印书馆，2005。

17. 〔美〕柯提斯·J. 米尔霍普、〔德〕卡塔琳娜·皮斯托：《法律与资本主义：全球公司危机揭示的法律制度与经济发展的关系》，罗培新译，北京大学出版社，2010。

18. 〔美〕弗兰克·B. 克罗斯、罗伯特·A. 普伦蒂斯：《法律与公司金融》，伍巧芳、高汉译，北京大学出版社，2011。

19. 〔美〕詹姆斯·R. 巴斯、小杰勒德·卡普里奥、罗斯·列文：《金融守护人：监管机构如何捍卫公众利益》，杨农等译，生活·读书·新知三联书店，2014。

20. 〔荷〕乔安妮·凯勒曼、雅各布·德汗、费姆克·德弗里斯：《21 世纪金融监管》，张晓朴译，中信出版集团股份有限公司，2016。

21. 〔美〕乔尔·塞里格曼：《华尔街的变迁：证券交易委员会及现代公司融资制度演进》，徐雅萍等译校，中国财政经济出版社，2009。

22. 〔法〕托马斯·皮凯蒂：《21 世纪资本论》，巴曙松等译，中信出版集团股份有限公司，2014。

23. 〔德〕拉伦茨：《德国民法通论》，王晓晔等译，法律出版社，2013。

24. 〔德〕迪特尔·梅迪库斯：《德国民法总论》，邵建东译，法律出版社，2013。

25. 〔德〕迪特尔·梅迪库斯：《德国债法分论》，杜景林、卢谌译，法律出版社，2007。

26. 〔德〕维尔纳·弗卢梅：《法律行为论》，迟颖译，法律出版社，2013。

27. 〔日〕山本敬三：《民法讲义I》，解亘译，北京大学出版社，2012。

28. 〔德〕考夫曼、哈斯默尔主编《当代法哲学和法律理论导论》，郑永流译，法律出版社，2013。

29. 〔美〕E. 博登海默：《法理学：法律哲学与法律方法》，邓正来译，中国政法大学出版社，2004。

30. 〔爱尔兰〕约翰·莫里斯·凯利：《西方法律思想简史》，王笑红译，法律出版社，2010。

31. 〔美〕詹姆斯·S. 科尔曼：《社会理论的基础》，邓方译，社会科学文献出版社，2008。

32. 〔美〕塔尔科特·帕森斯：《社会行动的结构》，张明德、夏遇南、彭刚译，译林出版社，2012。

33. 〔日〕金泽良雄：《经济法概论》，满达人译，中国法制出版社，2005。

34. 〔日〕川岛武宜：《现代化与法》，王志安等译，中国政法大学出版社，2004。

35. 〔德〕卡尔·拉伦茨：《法学方法论》，陈爱娥译，商务印书馆，2003。

36. 〔美〕约翰·罗尔斯：《正义论》，何怀宏等译，中国社会科学出版社，1988。

37. 〔德〕弗朗茨·维亚克尔：《近代私法史——以德意志的发展为观察重点》，陈爱娥、黄建辉译，上海三联书店，2006。

38. 〔美〕丹·B. 多布斯：《侵权法》，马静等译，中国政法大学出版社，2014。

39. 〔美〕小詹姆斯·A. 亨德森、理查德·N. 皮尔森、道格拉斯·A. 凯萨、约翰·A. 西里西艾诺：《美国侵权法：实体与程序》（第七版），王竹等译，北京大学出版社，2014。

40. 〔日〕吉村良一：《日本侵权行为法》（第 4 版），张挺译，中国人民大学出版社，2013。

41. 〔美〕G. 爱德华·怀特：《美国侵权行为法：一部知识史》（原书增订版），王晓明、李宇译，北京大学出版社，2014。

42. 〔日〕田山辉明：《日本侵权行为法》，顾祝轩、丁相顺译，北京大学出版社，2011。

（三）中文论文类

1. 王彦明：《股东同意与公司财产的刑法保护——被害人同意理论在公司制度中的运用》，《吉林大学社会科学学报》2004 年第 6 期。

2. 冯彦君：《WTO·有限政府·现代经济法》，《社会科学战线》2004 年第 6 期。

3. 蔡立东：《法人分类模式的立法选择》，《法律科学（西北政法大学学报）》2012 年第 1 期。

4. 王彦明、吕楠楠：《我国上市公司外部监督论略——以"看门人"机制为分析进路》，《社会科学战线》2013 年第 12 期。

5. 王彦明、吕楠楠：《简政放权理念下政府角色调适的公司法解读：以公司注册制改革为研究视角》，《东北师大学报》（哲学社会科学版）2015 年第 6 期。

6. 宋晓燕：《证券监管的目标和路径》，《法学研究》2009 年第 6 期。

7. 耿利航：《群体诉讼与司法局限性——以证券欺诈民事集团诉讼为例》，《法学研究》2006 年第 3 期。

8. 耿利航：《证券内幕交易民事责任功能质疑》，《法学研究》2010 年第 6 期。

9. 梁上上：《制度利益衡量的逻辑》，《中国法学》2012 年第 4 期。

10. 陈甦、陈洁：《证券法的功效分析与重构思路》，《环球法律评论》2012 年第 5 期。

11. 黄辉：《大型金融和市场机构中的中国墙制度——英美法系的经验与教训》，《清华法学》2007 年第 1 期。

12. 郭锋：《内幕交易民事责任构成要件探讨》，《法律适用》2008 年第 4 期。

13. 汤欣：《私人诉讼与证券执法》，《清华法学》2007 年第 3 期。

14. 郭雳：《我国证券律师业的发展出路与规范建议》，《法学》2012 年第 4 期。

15. 甘培忠、孔令君：《论 IPO 注册制改革背景下中介机构作用之强化》，《法律适用》2015 年第 8 期。

16. 章武生：《论群体诉讼的表现形式》，《中外法学》2007 年第 4 期。

17. 章武生：《论群体性纠纷的解决机制——美国集团诉讼的分析和借鉴》，《中国法学》2007 年第 3 期。

18. 王利明：《惩罚性赔偿研究》，《中国社会科学》2000 年第 4 期。

19. 周学峰：《证券集团诉讼的滥用与制约》，《西部法学评论》2011 年第 2 期。

20. 朱绵茂、黄徐前：《我国证券市场国际化法律监管问题探讨——以信息监管为视角》，《法学杂志》2012 年第 8 期。

21. 陈岱松：《论美英证券监管体制之新发展》，《河北法学》2006 年第 1 期。

22. 岳彩申、王俊：《监管理论的发展与证券监管制度完善的路径选择》，《现代法学》2006 年第 2 期。

23. 蒋大兴：《隐退中的"权力型"证监会——注册制改革与证券监管

权之重整》，《法学评论》2014 年第 2 期。

24. 张红：《证券监管措施：挑战与应对》，《政法论坛》2015 年第 4 期。

25. 于莹、潘林：《证券虚假陈述侵权责任中信赖推定之证成——欺诈市场理论局限性的克服》，《法制与社会发展》2011 年第 2 期。

26. 耿利航：《美国证券虚假陈述的"协助、教唆"民事责任及其借鉴——以美国联邦最高法院的判例为分析对象》，《法商研究》2011 年第 5 期。

27. 甘培忠、彭运朋：《论证券虚假陈述民事赔偿中系统风险所致损失数额的认定》，《甘肃社会科学》2014 年第 1 期。

28. 马其家：《美国证券法上虚假陈述民事赔偿因果关系的认定及启示》，《法律适用》2006 年第 3 期。

29. 朱慈蕴、陈彦晶：《评注册会计师对第三人的民事责任——围绕会计界与法律界的观点冲突展开》，《法学评论》2007 年第 4 期。

30. 刘燕：《注册会计师民事责任研究：回顾与展望》，《会计研究》2003 年第 11 期。

31. 彭真明：《论注册会计师不实财务报告民事责任的认定——以对第三人的责任为中心》，《法学评论》2006 年第 4 期。

32. 徐海燕：《会计师事务所民事侵权责任的思考》，《政法论坛》2007 年第 3 期。

33. 廖志雄：《律师职业伦理：冲突与选择、道德权利及其法律化》，《西部法学评论》2013 年第 2 期。

34. 李超峰、徐媛媛：《我国律师职业伦理规范的完善》，《中共中央党校学报》2014 年第 2 期。

35. 张守文：《政府与市场关系的法律调整》，《中国法学》2014 年第 5 期。

36. 余军、朱新力：《法律责任概念的形式构造》，《法学研究》2010 年第 4 期。

37. 赵旭东：《从资本信用到资产信用》，《法学研究》2003 年第 5 期。

38. 叶林：《私法权利的转型——一个团体法视角的观察》，《法学家》2010 年第 4 期。

39. 罗培新：《美国金融监管的法律与政策困局之反思——兼及对我国金融监管之启示》，《中国法学》2009 年第 3 期。

40. 罗培新：《后金融危机时代信用评级机构法律责任之完善》，《法学杂志》2009 年第 7 期。

41. 罗培新：《政治、法律与现实之逻辑断裂——美国金融风暴之反思》，《华东政法大学学报》2009 年第 2 期。

42. 彭冰：《证券律师行政责任的实证研究》，《法商研究》2004 年第 6 期。

二　外文文献

（一）著作类

1. Robert W. Hamilton, *The Law of Corporations*, 4th ed., West Group Press, 1996.

2. Franklin A. Gevurtz, *Corporation Law*, 2nd ed., West, 2010.

3. Stephen Bainbirdge, *Corporate Law*, 2nd ed., Foundation Press, 2009.

4. Nianh Moloney, *EC Securities Regulation*, 2nd ed., Oxford University Press, 2008.

5. Michael Blair, George Walker, Robert Purves, eds., *Financial Services Law*, 2nd ed., Oxford University Press, 2009.

6. Alastair Hudson, *Securities Law*, Sweet & Maxwell, 2008.

7. Robert W. Hamilton, Jonathan R. Macey, Douglas K. Moll, *Cases and Materials on Corporations: Including Partnerships and Limited Liability Companies*, 11th ed., West, 2010.

8. Emilios Avgouleas, *The Mechanics and Regulation of Market Abuse*, Oxford University Press, 2005.

9. Ruben Lee, *What is an Exchange? The Automation, Management, and Regulation of Financial Markets*, Oxford University Press, 1998.

10. Jennifer Payne, Louise Gullifer, *Corporate Finance Law: Principles and Policy*, Hart Publishing, 2015.

（二）论文类

1. Richard C. Sauer, "The Erosion of the Materiality Standard in the Enforcement of Securities Laws," *The Business Lawyer* (ABA), Vol. 62, Issue 2 (Feburary 2007).

2. Guido A. Ferrarini, "The European Market Abuse Directive," *Common Market Law Review*, Vol. 41, Issue 3 (June 2004).

3. Felix Höffler, Sebastian Kranz, "Using Forward Contracts to Reduce Regulatory Capture," *SSRN Electronic Journal* 63 (2010).

4. James D. Cox, Randall Thomas, "Leaving Money on the Table: Do Institutional Investors Fail to File Claims in Securities Class Action?" *Washington University Law Quarterly*, Vol. 80, Issue 3 (2002).

5. Stephen J. Choi, "The Evidence on Securities Class Action," *Vanderbilt Law Review*, Vol. 57, Issue 5 (October 2004).

6. Barbara Black, "Reliance on Deceptive Conduct and the Future of Securities Fraud Class Actions," *Securities Regulation Law Journal* (Summer 2008).

7. Paul G. Mahoney, "The Political Economy of the Securities Act of 1933," *The Journal of Legal Studies*, Vol. 30, Issue 1 (January 2001).

8. David M. Serritella, "High Speed Trading Begets High Speed Regulation: SEC Response to Flash Crash, Rash," *U. Ill. J. L. Tech. & Pol'y* 433 (2010).

9. Irina Shirinyan, "The Perspective of U. S. Securities Disclosure and the Process of Globalization," *DePaul Business & Commercial Law Journal*, Vol. 2, Issue 3 (Spring 2004).

10. Mark K. Brewer, Orla Gough, Neeta S. Shah, "Reconsidering Disclosureand Liability in the Transatlantic Capital Markets," *DePaul Business & Commercial Law Journal*, Vol. 9, Issue 2 (Winter 2011).

11. Eric J. Pan, "Harmonization of U. S. – EU Securities Regulation: The Case for a Single European Securities Regulator," *Law and Policy in International Business*, Vol. 34, Issue 2 (2003).

12. Roberta S. Karmel, "Will Convergence of Financial Disclosure Standards Change SEC Regulation of Foreign Issuers," *Brooklyn Journal of International Law*, Vol. 26, Issue 2 (2000).

13. Stephen J. Choi, "Assessing Regulatory Responses to Securities Market Globalization," *Theoretical Inquiries in Law*, Vol. 2, Issue 2 (July 2001).

14. Tzung‐borWei, "The Equivalence Approach to Securities Regulation Northwestern," *Journal of International Law & Business* (2007).

15. Steven M. Davidoff, "Regulating Listings in a Global Market," *North Carolina Law Review* (2007).

16. Roberta S. Karmel, "The Securities and Exchange Commission Goes Abroad to Regulate Corporate Governance," *Stetson Law Review*, Vol. 33,

Issue 3 (Spring 2004).

17. Amir N. Licht, "Cultural Distance Cross Listing and Corporate Governance Reform," *Berkeley Journal of International Law*, Vol. 22, Issue 2 (2004).

18. Chris Brummer, "Stock Exchanges and the New Markets for Securities Laws," *University of Chicago Law Review* (2008).

19. Noam Sher, "Negligence Versus Strict Liability The Case of Underwriter Liability in IPO's," *DePaul Business & Commercial Law Journal*, Vol. 4, Issue 3 (Spring 2006).

20. Tobias H. Troger, "Corporate Governance in a Viable Market for Secondary Listings," *University of Pennsylvania Journal of Business and Employment Law*, Vol. 10, Issue 1 (Fall 2007).

21. Roberta Romano, "The Need for Competition in International Securities Regulation," *Theoretical Inquiries in Law* 2 (2001).

22. Jim Bartos, "United States Securities Law: A Practical Guide," *Law International* 52 (2006).

23. Kenji Taneda, Sarbanes-Oxley, "Foreign Issuers and United States Securities Regulation," *Columbia Business Law Review* 16 (2003).

24. W. Carson McLean, "The Sarbanes-Oxley Act: A Detriment to Market Globalization & International Securities Regulation," *Syracuse Journal of International Law and Commerce* 76 (2005).

25. William Pearson, "Demutualization of Exchanges – The Conflicts of Interest (Hong Kong)," in Shamshadakhtar, eds., *Demutualization of Stock Exchanges Problems, Solutions and Case Studies*, Asian Development Bank, 2002.

26. Norman S. Poser, "The Stock Exchange of the United States and Europe: Automation, Globalization, and Consolidation, ennsylvania," *Journal of International Economic law* 22 (2001).

27. Jennifer Elliott, "*Demutualization of Securities Exchanges: A Regulatory Perspective*," *IMF Working Paper* (2002).

28. Andrew J. Cavo, Weissman V., "National Associstion of Securities Dealers: A Dangerously Narrow Interpretation of Absolute Immunity for Self-regulatory Organizations," 94 *Cornell L. Rev* 415 (2009).

29. Alexander B. St. John, "The Regulation of Cross-border Public Offerings of Securities in the European Union: Present and Future," *Denver Journal of International Law and Policy* 239 (2001).

30. Teo Guan Siew, "Regulatory Challenges in the Development of a Global Securities Market-Harmonisation of Mandatory Disclosure Rules," *Singapore Journal of Legal Studies* 173 (2004).

31. Lowry M., G. W. Schwert, "IPO Market Cycles: Bubbles or Sequential Learning?" *Journal of Finance* 57 (2002).

32. Christoph Teichmann, "Modernizing the GmbH: Germany's Move in Regulatory Competition," *European Company Law* 7 (2010).

33. Loughran T., J. R. Ritter, "Why Don't Issuers Get Upset about Leaving Money on the Table in IPOs?" *Review of Financial Studies* 15 (2002).

三 学位论文

1. 武贵振：《证券投资咨询机构的专家民事责任》，博士学位论文，中国政法大学，2011。

2. 袁闯：《中国证券行业宏观审慎监管研究》，博士学位论文，湖南大学，2012。

3. 罗斌：《证券集团诉讼研究——从诉讼运行机制的视角》，博士学位论文，复旦大学，2010。

4. 耿利航：《法律移植与管制——以证券市场律师作用与约束机制为中心》，博士学位论文，中国政法大学，2004。

5. 刘慧娟：《国际证券市场信息披露监管制度研究》，博士学位论文，对外经济贸易大学，2014。

6. 孟翔：《证券信息披露标准比较研究》，博士学位论文，中国政法大学，2009。

7. 鲁篱：《行业协会经济自治权研究》，博士学位论文，西南政法大学，2002。

8. 曹理：《证券内幕交易构成要件比较研究》，博士学位论文，吉林大学，2013。

9. 楼晓：《证券业自律管理"公权化"研究》，博士学位论文，武汉大学，2013。

10. 颜晓闽：《美国证券法律史研究——以〈1933年证券法〉证券发行强制披露制度的形成为中心》，博士学位论文，华东政法大学，2010。

四 报纸文献

1. 段铸：《虚增1.88亿元 万福生科造假前世今生》，《中国经营报》2012年11月5日，第B6版。

2. 苏江：《绿大地上市三年业绩大变脸》，《21世纪经济报道》2011年1月10日，第7版。

3. 郭玉志：《中证协支持会员主动担责 先行补偿投资者》，《上海证券报》2013年5月11日，第2版。

4. 王军:《供给侧改革的六大着力点》,《证券日报》2015 年 12 月 19 日,第 A3 版。

5. 金柳江、刘晓伟:《一场由于适用会计制度不同引发的争议》,《中国会计报》2010 年 3 月 26 日,第 13 版。

6. 吕琰、刘洪光:《从万福生科事件看我国券商律师制度》,《证券时报》2013 年 5 月 16 日,第 A3 版。

后 记

午夜过后，天已四更，整部书稿写作终于告一段落。本书是在我的博士学位论文基础上修改完成的。我于2012~2016年在吉林大学法学院攻读经济法学专业博士学位。从博士生涯起始至今，已历十年光阴，讲坛执教亦过六载韶华。时光有如白驹过隙，岁月亦流走于无声无形。

遥想博士在读期间，有兴奋，有不舍，有留恋，亦有迷茫。四年时光，收获甚丰，学术成长，人情练达；四载岁月，付出颇巨，日疲于思，夜不能寐，个中滋味唯个中人方能体察。书稿付梓在即，心存感激，坦言述之，聊表寸心。

吾师彦明，桃李满门，学为人师，行为世范。传道授业，解惑答疑。承蒙不弃，收入门中。常感法学宏义于课堂，论公司精理于当下。论文指导自不必多言，文章选题、框架结构、论证方式乃至语言本身，先生无不倾注大量心血。学术之外，生活之中，先生亦无微不至，提携后学，感激之情，铭记于心。

感谢吉林大学法学院经济法学专业导师组各位老师在我博士求学生涯中所给予的帮助。风趣睿智的冯彦君教授、深邃严谨的蔡立东教授、激情澎湃的傅穹教授、热情洋溢的赵惊涛教授、认真细致的吴真教授、才华横溢的陈兵教授以及李剑教授、王小刚教授、董文军副教授、孙冰心老师和王皎皎老师在授课、论坛、开题、预答辩等环节给予的帮助和指导，对我的学业进步及论文写作意义非凡，在此特向各位老师表示感谢。另外，感谢我的硕士生导师——吉林财经大学法学院张秋华教授。正是张老师的热情引荐，才有了结缘吉林大学法学院的机会，特此感谢张老师。

感谢我现在的工作单位吉林财经大学，博士毕业回校执教已逾六载，吉林财经大学及法学院的各位领导与同事在事业方面给予我大力帮助和支持。本书能够顺利出版正是得益于学校开展的学术专著出版计划。还要感谢我的学生们，教学相长，与他们交流是促使我不断进行学术思考的动力。

此外，本书得以顺利出版，还要特别感谢社会科学文献出版社的编辑王晓卿女士对本书的大力支持与所付出的辛勤劳动。王老师认真的学术态度和敬业精神令人钦佩。

最后还要感谢家人对我学业的无条件支持。感谢父母孕育了我的生命，在我求学的二十几年中他们一直在背后默默地支持我、鼓励我。每每在学业遇到阻力和困难的时候，只要想想父母期盼的双眼和温暖的话语，顿觉精神饱满，能够继续轻装前行，感谢他们一直在背后给我强大的前行动力。感谢内子孙佳梅女士对我读书的理解、赞同和支持。我与内子先后同校攻读博士学位，缘内心相近、旨趣相投，遂决意牵手，共度此生。如今随着女儿冉冉的出生，我的角色身份发生转变，生命的向度被重新定义，努力亦有了更加明晰的方向。还有岳父岳母的悉心照顾和鼓励，在此一并表示感谢。

本书的出版意味着对一个阶段学术思考的总结，学术与人生的思考仍在继续，新的议题即将开启。此刻室外严冬飞雪，春的脚步却愈发接近。学术成长，人生进阶，我将一直奔跑在路上，冲向远方。

吕楠楠

2021年11月22日　于长春寓所

图书在版编目（CIP）数据

证券市场中介机构角色冲突论/吕楠楠著.--北京：社会科学文献出版社，2022.12
ISBN 978-7-5228-0197-1

Ⅰ.①证… Ⅱ.①吕… Ⅲ.①证券市场-中介组织-研究 Ⅳ.①F830.91

中国版本图书馆 CIP 数据核字（2022）第 099408 号

证券市场中介机构角色冲突论

著　　者 / 吕楠楠
出 版 人 / 王利民
责任编辑 / 王晓卿
文稿编辑 / 刘红红　程丽霞
责任印制 / 王京美

出　　版 / 社会科学文献出版社·当代世界出版分社（010）59367004
　　　　　　地址：北京市北三环中路甲29号院华龙大厦　邮编：100029
　　　　　　网址：www.ssap.com.cn
发　　行 / 社会科学文献出版社（010）59367028
印　　装 / 三河市东方印刷有限公司

规　　格 / 开　本：787mm×1092mm　1/16
　　　　　　印　张：14.25　字　数：182千字
版　　次 / 2022年12月第1版　2022年12月第1次印刷
书　　号 / ISBN 978-7-5228-0197-1
定　　价 / 78.00元

读者服务电话：4008918866

版权所有 翻印必究